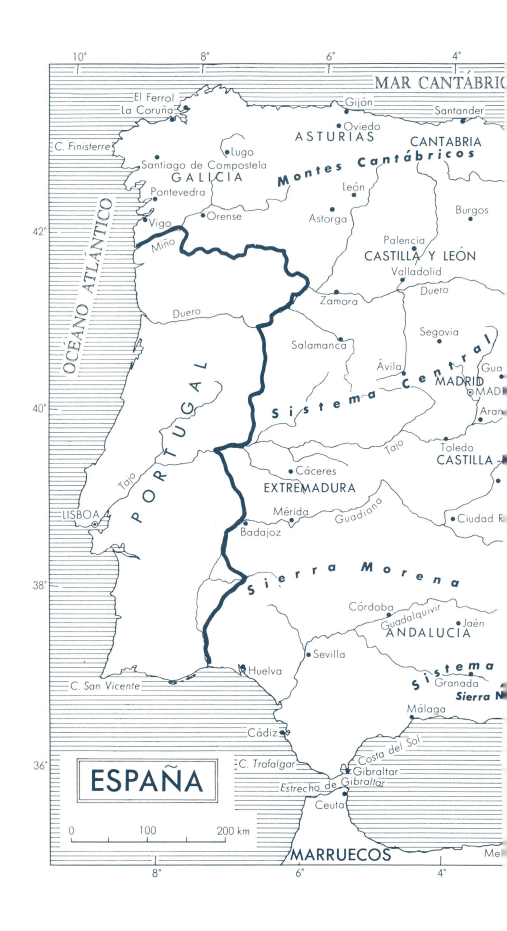

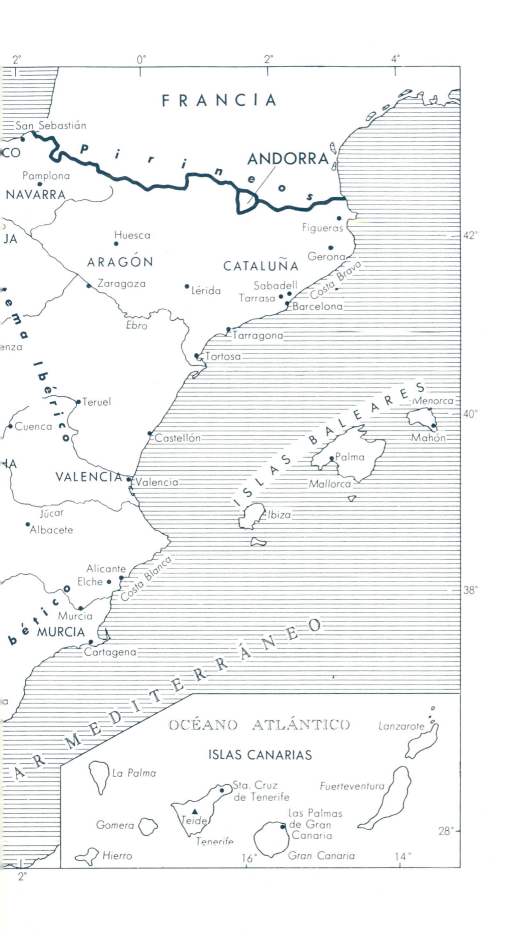

YUKIO SHIMODA

RECORRIDO

EN

ESPAÑOL

POR

KIOTO

HAKUSUISHA

―――― 音声ダウンロード ――――

  付属CDと同じ内容を、白水社ホームページ（http://www.hakusuisha.co.jp/download/）からダウンロードすることができます。（お問い合わせ先：text@hakusuisha.co.jp）

装丁・本文レイアウト：細野綾子
イラスト：藤川亜矢
CD吹込：María José González
　　　　Juan Francisco Arteaga
　　　　仁平ふくみ

はじめに

本書は、スペイン語の初歩をはじめて学ぶ大学生のためのテキストです。

本書の内容は、これまでになかった「京都」を舞台としたスペイン語のテキストです。京都は観光都市として 2014 年、2015 年と、アメリカの大手旅行誌が発表する世界の人気観光都市ランキングで、2 年連続で 1 位となる快挙を達成しました。実際、観光地やバス、地下鉄などでスペイン語を耳にする機会も増えてきています。これからは、日本の文化をスペイン語圏の人々に「スペイン語で」説明する機会も増えてくるでしょう。本書では、京都の文化のみならず、スペイン、メキシコの文化も随所にちりばめられています。日本とスペイン語圏の視点を比較しながら、その文化の違いを楽しんでください。

近年、スペイン語を使ってスペインや中南米、アメリカ合衆国のラティーノと交流したいと考えている学生が増えてきました。スペイン語という言語が日本国内においても重要な言語であるという認識が若い学生たちの間でも広まってきているようです。それもそのはずです。2016 年の Instituto Cervantes の調査では世界には 5 億 6700 万人ものスペイン語話者がおり、その数は年々増えているそうです。日本にもたくさんのスペイン語話者がやって来るようになりました。本書を通じて、スペイン語圏の文化や人々と積極的に関わる学生たちが増えてくれることを期待します。

本書で扱う文法事項は、大学での第二外国語のカリキュラムを考慮して、「接続法」を除いた範囲とし、できるだけ最小限の項目にとどめています。テキストの構成は以下の四つです。

1. ダイアローグ：日本人（女性）、スペイン人（女性）、メキシコ人（男性）が登場します。後半になるにつれ、徐々に長くなっています。
2. 文法説明：教員の説明があることを考慮して、必要最小限にしてあります。
3. 練習問題：基本的な設問（対話形式が多い）、CD を使った聴き取り問題、和文西訳問題で構成されています。
4. 補遺：祇園祭を題材とした読み物と各課に対応した和文西訳問題があります。

最後に、本書の作成にあたって多大なるご支援、ご協力を賜った白水社の鈴木裕子氏、収録や丁寧な校正でお世話になった María José González 先生、Juan Francisco Arteaga 氏と京都産業大学の仁平ふくみ先生、および関係者の方々に、深く御礼申し上げます。

2017 年 10 月
著　者

ÍNDICE

はじめに　　3　　　　京都の地図　　7

1. Pronunciación
スペイン語の発音を覚えよう
8
- ① アルファベットの読み方
- ② 文字の読み方と発音

2. ¡Bienvenidos a Kioto!
京都へようこそ！
12
- ① 名詞の性
- ② 名詞の数
- ③ 冠詞
- ④ hay + 名詞句

3. Mucho gusto.
はじめまして。
16
- ① 主語人称代名詞
- ② 動詞 ser と動詞 estar
- ③ 疑問文と否定文

4. ¿Hablas japonés?
日本語を話しますか？
20
- ① 直説法現在：規則活用
- ② 指示形容詞・指示代名詞

5. ¿Conocéis el templo dorado?
黄金の寺を知っていますか？
24
- ① 直説法現在：1人称単数形が不規則な動詞
- ② 形容詞
- ③ 所有形容詞の前置形

6. ¿Vienes aquí a menudo?
ここにはよく来るの？
28
- ① 直説法現在：不規則動詞
- ② 直接目的語につける前置詞 a
- ③ 前置詞 a, de + 定冠詞 el → al, del
- ④ tener que + 不定詞、ir a + 不定詞

7. Quiero ver las cinco hogueras gigantes.
私は五山送り火が見たいです。
32
- ① 直説法現在：不規則動詞（e → ie）
- ② 目的格代名詞

8. Me gusta mucho el estilo de Machiya.
私は町家のスタイルが大好きです。
36
- ① 直説法現在：不規則動詞（o → ue）
- ② gustar 型動詞
- ③ 所有形容詞の後置形

9 — Nos sentamos en un tatami de Kawadoko.
川床の畳に座りましょう。
40

1. 再帰動詞
2. 天気の表現
3. 直説法現在：不規則動詞（e → i）

10 — Hemos llegado a la estación de Kurama.
鞍馬駅に着きました。
44

1. 過去分詞
2. 現在完了
3. 時間の表現

11 — El pasado fin de semana visité el templo Kiyomizu-dera.
週末に私は清水寺を訪れました。
48

1. 点過去：規則動詞
2. 受け身の se
3. 日付と曜日

12 — La Ciudad de México fue la capital del Imperio azteca.
メキシコ・シティーはアステカ帝国の中心地でした。
52

1. 点過去：不規則動詞
2. 現在分詞

13 — ¿Cómo se llamaba la cocina budista?
その仏教料理、何て言ったかな？
56

1. 線過去
2. 比較表現

14 — Nos olvidaremos del tiempo.
時間を忘れましょう。
60

1. 未来
2. 最上級
3. 関係代名詞：que

15 — Me gustaría ir con ustedes.
あなたたちと一緒に行きたいな。
64

1. 過去未来
2. 感嘆文

16 — Déjame leer la guía.
私にガイドブックを読ませて。
68

1. 命令形
2. 命令形と目的格代名詞（再帰代名詞）
3. 接続詞

APÉNDICE　　Lectura　72　　Último diálogo　74

動詞活用表　76

Photo © Brian Jeffery Beggerly

El plano de Kioto

LECCIÓN 1 — Pronunciación

スペイン語の発音を覚えよう

❶ アルファベットの読み方

cd#02

A	a	[a]	ア
B	b	[be]	ベ
C	c	[θe][ce]	セ
D	d	[de]	デ
E	e	[e]	エ
F	f	[efe]	エフェ
G	g	[xe]	ヘ
H	h	[atʃe]	アチェ
I	i	[i]	イ
J	j	[xota]	ホタ
K	k	[ka]	カ
L	l	[ele]	エレ
M	m	[eme]	エメ
N	n	[ene]	エネ

Ñ	ñ	[eɲe]	エニェ
O	o	[o]	オ
P	p	[pe]	ペ
Q	q	[ku]	ク
R	r	[ere]	エレ
S	s	[ese]	エセ
T	t	[te]	テ
U	u	[u]	ウ
V	v	[ube]	ウベ
W	w	[ube doble]	ウベ・ドブレ
X	x	[ekis]	エキス
Y	y	[ʝe]	ジェ *
Z	z	[θeta][ceta]	セタ

* スペイン語のアルファベットは 27 文字。

*Y y は以前の読み方 [i griega] イ・グリエガという呼称も使われることがある。

◆スペイン語を確認しよう。　　　　　　　　　　　　　　　　　　cd#03

1. 次の文字をスペイン語で読みましょう。

    1. DVD　　2. UE　　3. CD　　4. GPS　　5. ONG　　6. RTVE　　7. NHK

2. 自分の名前のつづりをスペイン語で言ってみよう。

❷ 文字の読み方と発音　　　　　　　　　　　　　　　　　　　　cd#04

1. 母音

a	amor 愛　casa 家　gato 猫　mesa テーブル
e	seta キノコ　tema テーマ　pescado 魚料理　dinero お金
o	todo すべて　bota ブーツ　libro 本　amigo 友人
i	salida 出口　camino 道　tenis テニス　piso マンション
u	gusto 好み　mundo 世界　luna 月（天体）　cultura 文化

2. 子音の発音　　　　　　　　　　　　　　　　　　　　　　　　cd#05

b, v	[b]	boca 口　boda 結婚式　broma 冗談　vino ワイン　vaca 雌牛
c, q	[k]	ca　qui　cu　que　co
		cama ベッド　máquina 機械　queso チーズ　banco 銀行　octubre 10月
c, z	[θ, s]	za　ci　zu　ce　zo
		zapato 靴　cine 映画館　zumo ジュース　once 11　zona 地域
ch	[tʃ]	concha 貝　chica 女の子　noche 夜　muchacho 男の子　chuleta スペアリブ
d	[d]	dedo 指　duro 硬い　posada 宿　ただし、salud 健康　verdad 真実
f	[f]	grifo 蛇口　azafata キャビンアテンダント　faro 灯台　fecha 日付　futuro 未来
g	[g]	ga　gui　gu　gue　go
		garganta のど　Guernica（地名）　siguiente 次　agua 水　trigo 小麦
g, j	[x]	ja　ji = gi　ju　je = ge　jo
		japonesa 日本人女性　jirafa キリン　gigante 巨人　Jorge（人名）　viaje 旅　ojo 目
h	[ ]	hijo 息子　zanahoria 人参　historia 歴史　hecho 出来事　moho かび
k	[k]	kilo キロ　karate 空手　Kioto 京都（主に外来語で使用）
ll, y	[ʎ, j]	calle 通り　paella パエリア　lluvia 雨　yo 私　hoyo 穴　playa ビーチ
		ただし、y そして　muy とても　jersey セーター
m	[m]	medalla メダル　manzana リンゴ　monja 修道女　mudanza 引っ越し　mano 手
n	[n]	cantante 歌手　anillo 指輪　naranja オレンジ　imagen イメージ　uno 1
ñ	[ɲ]	niño 子ども　español スペイン語　pañuelo ハンカチ　tamaño サイズ　baño 入浴
p	[p]	capilla 礼拝堂　paquete 小包　copa カップ　japonés 日本語　pollo チキン
s	[s]	basura ゴミ箱　soja 大豆　sequía 干ばつ　silla 椅子　estación 駅
t	[t]	tomate トマト　tumba 墓　cantante 歌手　patata ジャガイモ　estudiante 学生
w	[w, b, gw]	whisky ウイスキー（外来語で使用）
x	[ks, s]	taxi タクシー　examen 試験　extranjero 外国　texto テキスト
	[x]	México メキシコ　mexicano メキシコ人

■ r, rr, l

r	[ɾ]	pero しかし　pareja ペア　mujer 女性　ordenador コンピュータ　madre 母
r-（語頭）、 **-rr-（語中）**	[r]	Real Madrid（サッカークラブ）　ropa 服　rumor 噂 guerra 戦争　perro 犬
l	[l]	luz 光　reloj 時計　pelo 髪の毛　blusa ブラウス　lechuga レタス

3. アクセント

(1) 母音および -n, -s で終わる語は後ろから 2 番目の母音にアクセント。

　　　naranja オレンジ　manzana リンゴ　imagen イメージ　lunes 月曜日

(2) -n, -s を除く子音で終わる語は一番後ろの母音にアクセント。

　　　hotel ホテル　ordenador コンピュータ　reloj 時計　verdad 真実

(3) 上記の (1), (2) の規則にあてはまらない位置にアクセントが置かれる語には、アクセントのある位置にアクセント記号がおかれる。

　　　Japón 日本　lápiz 鉛筆　azúcar 砂糖　mérito 利点

数詞

0	1	2	3	4	5	6	7	8	9	10
cero	uno	dos	tres	cuatro	cinco	seis	siete	ocho	nueve	diez

二重母音：
i か u を含む母音連続は 1 つの母音とみます。できるだけ分けずに発音するように！
zanahor<u>ia</u> 人参　v<u>ie</u>nto 風　c<u>au</u>sa 原因　antig<u>uo</u> 古い

EJERCICIOS

1. 次の国名とその国民名をアクセントの位置に気をつけながら発音しなさい。

   1. Argentina   argentino
   2. Brasil   brasileño
   3. Chile   chileno
   4. Colombia   colombiano
   5. Cuba   cubano
   6. Ecuador   ecuatoriano
   7. España   español
   8. Honduras   hondureño
   9. México   mexicano
   10. Venezuela   venezolano

2. 次の人の名前をアクセントの位置に気をつけながら発音しなさい。

   男性 1. Jorge   2. Rafael   3. Sergio   4. Miguel   5. José

   女性 1. Pilar   2. Isabel   3. Ángela   4. Julia   5. Patricia

3. 次のあいさつ表現をアクセントの位置に気をつけながら発音しなさい。

   1. Hola.
   2. Buenos días.
   3. Buenas tardes.
   4. Buenas noches.
   5. Mucho gusto.
   6. ¿Cómo te llamas? —Me llamo Miguel.
   7. ¿Cómo estás? —Estoy bien.
   8. Gracias. —De nada.
   9. Hasta luego.
   10. Adiós.

4. CDを聴いて、読まれた単語、文を書きとりなさい。　　　cd#09

   1. (　　　) (　　　).
   2. ¿(　　　) (　　　) (　　　)?
   3. (　　　) (　　　).
   4. (　　　) (　　　).

 ## ¡Bienvenidos a Kioto!

京都へようこそ！

Patricia パトリシアはスペインのバルセロナからの留学生、Jorge ホルヘはメキシコのメキシコ・シティーからの留学生です。SNSで知り合った日本人大学生のエリと京都駅で待ち合わせです。

En la estación de Kioto 1:   cd#10

Patricia : Hola, Jorge. ¿Qué tal?

Jorge : Muy bien, gracias. ¿Y tú?

Patricia : Muy bien. Pero en la estación hay mucha* gente.

Eri : ¡Hola, amigos! ¡Bienvenidos a Kioto!

*mucha たくさんの

 疑問符と感嘆符

スペイン語の疑問符と感嘆符は ¿ ? ¡ ! のように、文の始めと終わりにつけます。

GRAMÁTICA

❶ 名詞の性：男性名詞と女性名詞　　cd#11

- スペイン語には文法上の性（男性・女性）がある。
- 男性名詞 は -o で終わり、女性名詞は -a で終わることが多い。

男 性	amigo	padre	hombre	libro	vaso	museo
女 性	amiga	madre	mujer	casa	fiesta	noticia

❷ 名詞の数：複数形の作り方　　cd#12

1. 母音で終わる名詞には -s をつける。
   単数：casa　　　複数：casas
2. 子音で終わる名詞には -es をつける。
   単数：profesor　　　複数：profesores

❸ 冠詞：名詞の性と数に合わせる　　cd#13

1. 定冠詞：話し手と聞き手が了解済みのものを示す。

	単 数	複 数
男 性	**el** vaso	**los** vasos
女 性	**la** mesa	**las** mesas

2. 不定冠詞：話し手が初めて話題にするものを示す。

	単 数	複 数
男 性	**un** vaso	**unos** vasos
女 性	**una** mesa	**unas** mesas

❹ hay + 名詞句：〜がある、〜がいる　　cd#14

不定冠詞や無冠詞の名詞句とともに使われる。

En la mesa hay unos libros.

Hay unas chicas en la escuela.

EJERCICIOS

1. 次の名詞を複数形にしなさい。

    1. girasol _____
    2. silla _____
    3. parque _____
    4. universidad _____
    5. diccionario _____
    6. ordenador _____

2. 次の名詞に定冠詞をつけなさい。

    1. (   ) cuaderno
    2. (   ) gatos
    3. (   ) canción
    4. (   ) coche
    5. (   ) ciudades
    6. (   ) flor

3. 次の名詞に不定冠詞をつけなさい。

    1. En la ciudad hay (   ) bibliotecas.
    2. Hay (   ) niño en la habitación.
    3. Allí hay (   ) plaza.
    4. Hay (   ) lápices en la mesa.
    5. En el parque hay (   ) edificio.
    6. Allí hay (   ) bar.

- -a だけでなく、-ción, -dad で終わる名詞も女性名詞！
- -ces で終わる名詞は -z で終わる名詞の複数形！

EJERCICIOS

4. スペイン語にしなさい。

   1. その部屋には何本かの花がある。

   ___

   2. そのテーブルには一本の鉛筆がある。

   ___

   3. その公園には一台の車がある。

   ___

   4. あそこに何脚かの椅子がある。

   ___

5. CDを聴いて、カッコに語を入れなさい。　　　　　　　　　　　cd#15

   1. (　　　) (　　　) casa hay (　　　) coches.

   2. (　　　) hay (　　　) bares.

   3. ¿Hay (　　　) niñas en (　　　) parque?

   ※答えのヒントは左のページにあります！

LECCIÓN 3 Mucho gusto.

はじめまして。

SNSでの交流はあっても、初めて顔を合わせる3人。京都駅で初対面での会話です。

En la estación de Kioto 2: cd#16

Patricia : ¡Hola! Tú eres Eri, ¿verdad?
Eri : Sí, soy Eri. Mucho gusto.
Patricia : Mucho gusto. ¿Cómo estás?
Eri : Estoy muy bien.
Jorge : Eri, yo también estoy aquí, ¿eh?
Eri : Perdón, Jorge. Mucho gusto.

付加疑問

¿verdad? や ¿eh? は付加疑問といいます。「だね？」「ですよね？」という意味です。

GRAMÁTICA

❶ 主語人称代名詞

	単　数		複　数	
1人称	yo	私は	nosotros / nosotras	私たちは
2人称	tú	君は	vosotros / vosotras	君たちは
3人称	él ella usted	彼は 彼女は あなたは	ellos ellas ustedes	彼らは 彼女たちは あなたたちは

❷ 動詞 ser と動詞 estar

1. ser：主語の職業、身分、国籍、特徴、性質などを表す。

yo	**soy**	nosotros	**somos**
tú	**eres**	vosotros	**sois**
él ella usted	**es**	ellos ellas ustedes	**son**

Somos estudiantes de la universidad.

¿De dónde eres?　—Yo soy de Japón.

Sevilla es una ciudad de España.　　　　　　　　　　　　　*de「～の、～から」

2. estar：主語の状態と所在（いる、ある）を表す。

yo	**estoy**	nosotros	**estamos**
tú	**estás**	vosotros	**estáis**
él ella usted	**está**	ellos ellas ustedes	**están**

¿Cómo están ustedes?　—Estamos bien.

¿Dónde estás?　—Estoy en la estación de Kioto.　　　　　　*en「～に、～で」

Ellos están cerca de aquí.

❸ 疑問文と否定文

疑問文は主語が動詞の後ろに置かれることがある。疑問詞のある疑問文では主語は動詞の後ろに置く。否定文の no は動詞の前に置く。

¿Está Jorge allí?　—No, no está aquí. Está en casa.

¿De dónde son ustedes?　—Somos de España.

··· EJERCICIOS ···

1. ser を適切な形にしてカッコに入れなさい。

    1. ¿Vosotros (   ) estudiantes?

    2. ¿Tú (   ) jugador de fútbol?

    3. ¿(   ) ustedes profesores?

    4. Miguel y Ángela no (   ) novios.

    5. Barcelona no (   ) la capital de España.

    6. Yo no (   ) de México.

2. estar を適切な形にしてカッコに入れなさい。

    1. Los chicos (   ) cerca de la universidad.

    2. ¿Dónde (   ) usted?

    3. Yo (   ) lejos de la oficina.

    4. Tú (   ) en casa, ¿no?

    5. ¿Cómo (   ) vosotros?

    6. Nosotros (   ) mal.

3. カッコの中に ser か estar を入れなさい。

    1. ¿Dónde (   ) los turistas?

    2. Nosotros (   ) estudiantes.

    3. ¿Tú (   ) ocupado?

    4. Yo (   ) aquí.

    5. ¿De dónde (   ) ustedes?

    6. Usted (   ) cansado.

EJERCICIOS

4. hay か estar を選びなさい。estar は主語に合わせて適切に活用させなさい。

   1. Buenos Aires (　　　　　) en Argentina.

   2. En la estación (　　　　　) unos chicos.

   3. ¿Dónde (　　　　　) los padres?

   4. No (　　　　　) problema.

   5. Los libros (　　　　　) en la sala de profesores.

   6. (　　　　　) unos niños en el parque.

5. CD を聴いて、カッコに語を入れなさい。　　　　　　　　　　　　　cd#20

   1. ¿Cómo (　　　　) usted? ― (　　　　) muy bien.

   2. ¿De dónde (　　　　)? ― (　　　　) de Argentina.

   3. ¿En la plaza (　　　　) unos bares? ― Sí, (　　　　) muchos bares.

   4. ¿Dónde (　　　　)? ― (　　　　) cerca de la universidad.

   5. ¿(　　　　) estudiantes? ― No, no (　　　　) estudiantes.

- hay は「不定冠詞＋名詞」のように不特定なものに使います（英：there is/are ＋名詞）。辞書で意味を調べる時は動詞 haber の項目を確認してください。hay は haber の3人称単数現在形です。
- estar は「定冠詞＋名詞」や固有名詞のように特定されたものに使います。

LECCIÓN 4   ¿Hablas japonés?

日本語を話しますか？

３人は京都の鴨川を散歩しています。多くの外国人観光客が様々な言語を話しています。パトリシアは何語なのかが気になるようです。

En Río Kamogawa:

Patricia : ¿Qué idioma hablan esos chicos?

Eri : Hablan chino. Son chinos o taiwaneses.

Patricia : Jorge, ¿hablas japonés?

Jorge : Sí, hablo un poco de japonés. ¿Y tú?

Patricia : Todavía no hablo bien japonés.

Eri : No hay problema, poco a poco.

疑問詞

英語と同じようにスペイン語にも疑問詞があります。アクセント符号が必要です。

dónde どこに、どこで　　cómo どのように　　qué 何、どんな　　cuándo いつ

❶ 直説法現在：規則活用

不定詞の語尾は3つ：-ar 動詞、-er 動詞、-ir 動詞

hablar
話す

hablo	hablamos
hablas	habláis
habla	hablan

comprar, cantar, bailar

comer
食べる

como	comemos
comes	coméis
come	comen

aprender, leer, beber

vivir
住む

vivo	vivimos
vives	vivís
vive	viven

subir, escribir, abrir

1. 現在行われている行為や状態を表す。

    Cantamos una canción en la escuela.

2. 現在の習慣を表す。

    Siempre leo libros en la biblioteca.

3. 確実な未来を表す。

    Mañana habláis con Jorge, ¿verdad?

    *con（〜と一緒に）

❷ 指示形容詞・指示代名詞

名詞と性数の一致をする。形容詞も代名詞も形は同じ。

		この	これらの	その	それらの	あの	あれらの
		これ	これら	それ	それら	あれ	あれら
男 性		este	estos	ese	esos	aquel	aquellos
女 性		esta	estas	esa	esas	aquella	aquellas
中 性		esto		eso		aquello	

¿Quiénes son aquellas chicas? —Aquellas son estudiantes.

¿Dónde comes? —Como en aquel restaurante.

Estas novelas son de Jorge, y esas son de Miguel.

¿Qué es esto? —Es una botella de vino tinto.

• EJERCICIOS •

1. カッコの動詞を適切に活用させなさい。

    1. Nosotros (vivir) _____ cerca de aquella estación.

    2. Ustedes (hablar) _____ inglés y francés.

    3. ¿Tú (beber) _____ ese vino tinto?

    4. Los estudiantes (escribir) _____ un informe en español.

    5. Tú no (comprar) _____ libros en la librería.

    6. Estos jóvenes (leer) _____ este periódico todos los días.

2. 質問に動詞を使って答えなさい。

    1. ¿Dónde vives?   — _____ en un pueblo.

    2. ¿Subís por la escalera o en ascensor?   — _____ por la escalera.

    3. ¿Cuándo visitan ustedes el museo?   — _____ el museo esta semana.

    4. ¿Qué idiomas aprendéis en esta escuela?   — _____ inglés y japonés.

    5. ¿Llegan los niños a la tienda esta tarde?   —No, _____ esta tarde.

    6. ¿Para qué trabajáis?   — _____ para vivir.

前置詞はついつい見過ごしてしまいますが、とても重要な語彙たちです。
しっかり覚えましょう！

en	～に、～で	de	～から、～の
a	～へ、～に	con	～と一緒に
por	～を通って、～によって、～あたりに	para	～のために

EJERCICIOS

3. 指示に従って適切な指示形容詞を入れなさい。

   1. Compramos _____ reloj para Ángela. （この）

   2. ¿Paseas por _____ parque todos los días? （あの）

   3. No abro _____ botellas de vino. （それらの）

   4. ¿No leéis _____ revistas? （これらの）

   5. Los amigos viven en _____ casa. （あの）

4. CDを聴いて、カッコに語を入れなさい。　　　　　　　　　　　　　cd#24

   1. Hola. (　　　　) Ángela. (　　　　) en Kioto.

      (　　　　) todos los días por (　　　　) parque.

   2. ¿(　　　　) idiomas (　　　　) en (　　　　) universidad?

      — (　　　　) inglés y español.

5. スペイン語にしなさい。

   1. 君はスペイン語を話すの？

   2. 私たちはここでこの本を読みます。

   3. 君はそのレポートを英語で書くの？

   4. 彼らは毎日この公園を散歩します。

 **¿Conocéis el templo dorado?**

黄金の寺を知っていますか？

学生がたくさん集まる鴨川デルタで京都観光について話しています。3人はどこへ行こうとしているのでしょうか？

En el Delta de Kamogawa: cd#25

Eri : ¿Conocéis el templo dorado?

Patricia : No, no lo conozco.

Jorge : Yo, sí. Es un templo muy famoso en Kioto.

Eri : ¿Damos un paseo hasta allí?

Jorge : No, hoy hago la limpieza en mi casa.

Patricia : Estoy libre esta tarde. Salimos pronto.

No hay tantos turistas a estas horas.

 ここ そこ あそこ

英語には here と there しかありませんが、スペイン語には3つ指示詞があります。
aquí ここ   ahí そこ   allí あそこ

GRAMÁTICA

❶ 直説法現在：1人称単数形が不規則な動詞

hacer
する、作る

hago	hacemos
haces	hacéis
hace	hacen

salir
出かける

salgo	salimos
sales	salís
sale	salen

他に：poner (**pongo**, pones ...)
traer (**traigo**, traes ...)

conocer
知っている

conozco	conocemos
conoces	conocéis
conoce	conocen

dar
食べる

doy	damos
das	dais
da	dan

他に：ver (**veo**, ves ...)
saber (**sé**, sabes ...)

Hago ejercicios todos los días.

Conozco la ciudad de Toledo.

Salgo de casa muy temprano.

Doy un paseo por el parque.

❷ 形容詞：性と数の変化がある

形容詞は原則として名詞の後ろに置く。

1. 性で語尾が変わる：-o / -a

	単数形	複数形
男性形	famos**o**	famos**os**
女性形	famos**a**	famos**as**

una mujer **famosa**

unas mujeres **famosas**

2. 性で語尾が変わらない（単数形、複数形はある）

	単数形	複数形
男性形	libre	libre**s**
女性形	libre	libre**s**

el asiento **libre**

los asientos **libres**

3. 子音で終わるものは複数形では -es をつける（性の変化はなし）

	単数形	複数形
男性形	difícil	difícil**es**
女性形	difícil	difícil**es**

El inglés es muy **difícil**.

Las tareas son **difíciles**.

❸ 所有形容詞の前置形：名詞の前に置いて名詞の性と数に合わせる

	単数形	複数形
1人称	mi (mis)	nuestro (nuestra) (nuestros) (nuestras)
2人称	tu (tus)	vuestro (vuestra) (vuestros) (vuestras)
3人称	su (sus)	su (sus)

mi amigo

mis amigas

nuestro hijo

nuestras hijas

EJERCICIOS

1. カッコの動詞を適切に活用させなさい。

    1. ¿Tú (salir) _____ de aquí? —No, no (salir) _____ de aquí.

    2. ¿Qué (hacer) _____ usted? — (Hacer) _____ ejercicios.

    3. ¿Tú (conocer) _____ la catedral? —Sí, la* (conocer) _____.

    4. ¿Cuándo (dar, tú) _____ un paseo? — (Dar) _____ un paseo esta tarde.

    5. ¿(Saber, tú) _____ algo de Pedro? —No (saber) _____ nada de él.

    6. ¿Qué (ver) _____ usted? — (Ver) _____ unas flores bonitas.

    *la: それを（7課）

2. カッコの形容詞を名詞の性と数に合わせなさい。

    1. un gato (negro) _____

    2. las gafas (nuevo) _____

    3. unas cuestiones (fácil) _____

    4. las clases (interesante) _____

    5. Ella es (simpático) _____.

    6. Los coches de esta marca no son (barato) _____.

3. 指示に従って適切な所有形容詞にしなさい。

    1. （君の） _____ padres viven en una casa grande.

    2. （私の） _____ hijos trabajan en una tienda bonita.

    3. （彼女たちの） _____ casa está cerca de la estación.

    4. En （私たちの） _____ universidad hay un edificio muy alto.

    5. （君たちの） _____ alumnos estudian mucho.

    6. ¿Dónde están （あなたの） _____ libros?

su (sus) は「彼の」「彼女の」「あなたの」「彼らの」「彼女らの」「あなた方の」の意味があります！

●●●●●●●●●●●●●●●●●●●●●●●●●●●●●●● EJERCICIOS ●●●●●●●●●●●●●●●●●●●●●●●●●●●●●●●

4. CDを聴いて、カッコに語を入れなさい。 cd#29

   1. ¿Qué (　　　　) todos los días?

      ― (　　　　) un paseo con (　　　　) amigos en un parque (　　　　).

   2. Miguel siempre (　　　　) a la tienda (　　　　) con (　　　　) padres.

   3. ¿Sabes dónde vive (　　　　) madre?　―Pues, no (　　　　).

5. スペイン語にしなさい。

   1. 君は何をテーブルの上に置くの？　――私は何輪かの花をそのテーブルの上に置きます。

   2. 君たちは何をしているの？　――私たちは運動をしています。

   3. 彼女の娘たちはそのきれいなお店で働いています。

   4. 私たちの車はとても安いです。

saberは知識・情報を「知っている」
conocerは人・場所を「知っている」（行ったことがある、会ったことがある）

¿Vienes aquí a menudo?

ここにはよく来るの？

エリとパトリシアは金閣寺に来ています。パトリシアはスペインにも「黄金の塔」があると言っていますが……

En el templo dorado: cd#30

Patricia : Eri, ¿vienes aquí a menudo?

Eri : Sí, vengo con amigos extranjeros.

Ellos tienen mucho interés en este templo dorado.

Patricia : ¿Sabes?, allí en Sevilla hay un edificio llamado la Torre del Oro.

Eri : Sí, pero no está recubierta* con hojas de oro puro, ¿no?

Patricia : No. Dicen que su nombre viene del brillo dorado de su reflejo en el río.

Pero es muy bonita, y además tiene mucha historia.

*recubierto コーティングされた

GRAMÁTICA

❶ 直説法現在：不規則動詞

venir 来る

vengo	venimos
vienes	venís
viene	vienen

tener 持つ

tengo	tenemos
tienes	tenéis
tiene	tienen

decir 言う

digo	decimos
dices	decís
dice	dicen

ir 行く

voy	vamos
vas	vais
va	van

oír 聞く

oigo	oímos
oyes	oís
oye	oyen

¿Vienes a mi casa?

Siempre dices la verdad.

¿No oyes el ruido?

Ellos tienen hambre.

Vamos a la tienda a veces.

❷ 直接目的語につける前置詞 a

特定の人が目的語のときは前置詞 a をつける。

Conozco **a** Isabel.

Conozco la Torre del Oro.

Esta tarde vemos **a** Jorge.

❸ 前置詞 a, de + 定冠詞 el → al, del

前置詞 a と de の後に定冠詞の el がくると、必ずそれぞれ al, del になる。

Salgo **del** bar.

Voy **al** museo.

❹ tener que + 不定詞、ir a + 不定詞

1. tener que + 不定詞は英語の have to のように「～しなければならない」を意味する。

Tienes que trabajar mucho.

Tengo que ir a la universidad.

2. ir a + 不定詞は英語の be going to のように未来を表す。

Patricia va a venir aquí.

Vamos a estudiar español.

EJERCICIOS

1. 指示に従い、カッコの動詞を適切な形に活用しなさい。

    1. Siempre (decir, yo) _____ la verdad.

    2. ¿A dónde (ir, tú) _____? — (Ir) _____ a la tienda en bicicleta.

    3. ¿(Tener, usted) _____ sed? —Sí, (tener) _____ mucha sed.

    4. ¿De dónde (venir, tú) _____? — (Venir) _____ de Argentina.

    5. ¿No (oír, tú) _____ la música? —Sí, (oír) _____ la música todos los días.

    6. ¿Cuándo (ir, vosotros) _____ a salir? — (Ir) _____ a salir esta noche.

2. カッコに el, al, del から適切なものを入れなさい。

    1. Mi universidad está muy lejos ( ) centro.

    2. Visitamos ( ) museo nacional.

    3. ¿Conoces ( ) profesor?

    4. Siempre veo ( ) chico guapo en tren.

    5. ¿Ves ( ) accidente?

    6. Tengo una casa cerca ( ) mar.

頻度を表す表現

siempre いつも　　**a menudo** しばしば　　**a veces** ときどき

EJERCICIOS

3. 下にある数字を参考にして CD を聴き、カッコに数字、語を入れなさい。　cd#35

1. Hoy (　　　) (　　　) turistas (　　　) museo.

2. ¿Cuántos años (　　　　)? —Tengo (　　　) años.

3. Tengo (　　　) estudiar español hasta la lección (　　　).

4. Ellos (　　　) a entrar en el aula (　　　).

11	once	12	doce	13	trece	14	catorce	15	quince
16	dieciséis	17	diecisiete	18	dieciocho	19	diecinueve	20	veinte
21	veintiuno	22	veintidós	23	veintitrés	24	veinticuatro	25	veinticinco
26	veintiséis	27	veintisiete	28	veintiocho	29	veintinueve	30	treinta

4. スペイン語にしなさい。

1. あなた方は何歳ですか？ ——私は 19 歳で、彼女は 20 歳です。

2. 君はその国立美術館を訪れなくてはなりません。

3. 私はいつも列車でその美人な女の子を見ます (に会います)。

4. 今晩、私はスペイン語を勉強するつもりです。

アクセントのない que は英語の that 節のように従属節をとることもあります。
Pienso que tienes razón.　　Dicen que va a ocurrir un terremoto.

LECCIÓN 7 — Quiero ver las cinco hogueras gigantes.

私は五山送り火が見たいです。

３人は夏休みの計画を立てています。京都の夏はとても暑いのですが、ホルヘは五山送り火がどうしても見たいようです。

En una cafetería de Heian-Jingu:

cd#36

Patricia : ¿Qué vais a hacer en las vacaciones de verano?

Jorge : Quiero ver las cinco hogueras gigantes de Kioto.

Patricia : No las conozco. ¿Qué es eso?

Eri : Es Gozan-no-Okuribi, uno de los festivales más* famosos de Kioto.

Patricia : ¿Cuándo es?

Eri : Es el 16 de agosto. Durante estos días los espíritus de los fallecidos visitan el mundo de los vivos.

Jorge : Es un poco parecido al Día de los Muertos en México.

*más 最も

GRAMÁTICA

❶ 直説法現在：不規則動詞（e → ie）

cd#37

pensar
思う

pienso	pensamos
piensas	pensáis
piensa	piensan

empezar

querer
ほしい、〜したい

quiero	queremos
quieres	queréis
quiere	quieren

entender

sentir
感じる

siento	sentimos
sientes	sentís
siente	sienten

preferir

Siempre piensas en tu novio.

Queremos ir al concierto.

Siento frío en la sala.

¿Qué prefiere usted, té o café? —Prefiero café.

❷ 目的格代名詞

1. 「を」格の代名詞：直接目的格

cd#38

	単数		複数	
1人称	me	私を	nos	私たちを
2人称	te	君を	os	君たちを
3人称	lo	彼を、あなたを、それを	los	彼らを、あなた方を、それらを
	la	彼女を、あなたを、それを	las	彼女たちを、あなた方を、それらを

2. 「に」格の代名詞：間接目的格

	単数		複数	
1人称	me	私に	nos	私たちに
2人称	te	君に	os	君たちに
3人称	le (se)	彼に、彼女に、あなたに、それに	les (se)	彼らに、彼女たちに、あなた方に、それらに

1. 活用した動詞の直前に置く。

   ¿Me amas? —Sí, te amo mucho.

   Le doy este libro.

2. 両方の代名詞が置かれるときは『「に」＋「を」』の順番になる。

   ¿Me das este caramelo? —Sí, te lo doy.

3. 両方の代名詞が3人称のときは、le, les が se に変わる。

   ¿Le dejas este lápiz? —No, no se lo dejo. (✘ le lo dejo)

33

● **EJERCICIOS** ●

1. 指示に従い、カッコの動詞を適切な形に活用しなさい。

    1. ¿(Querer, tú) _____ comer en el comedor? —Sí, (querer) _____ comer allí.

    2. ¿(Sentir, ustedes) _____ calor? —No, (sentir) _____ un poco de frío.

    3. ¿En qué (pensar, tú) _____? —(Pensar) _____ en el examen de mañana.

    4. ¿(Querer, ustedes) _____ este coche? —No, no lo (querer) _____.

    5. ¿Me (entender, tú) _____? —No te (entender) _____.

    6. ¿Cuándo (empezar) _____ las clases? —(Empezar) _____ mañana.

2. 下線部を目的格代名詞に変えて全文を書きなさい。

    例 Amo a Miguel.　　　　　　→ Lo amo.

    1. Conozco al señor González. →

    2. ¿Quieres a Carmen? →

    3. Ella no ve la película. →

    4. Él no tiene estos zapatos*. →

    5. ¿No me dejas un bolígrafo? →

    6. Les doy esta cortaba. →

    *zapatos は一足でも複数形

EJERCICIOS

3. 下線部の語句を目的格代名詞に変えて質問にスペイン語で答えなさい。

   1. ¿Quieres a Carmen?   —No, _____.

   2. ¿Oyes la música?   —Sí, _____.

   3. ¿Dónde hacéis las tareas?   — _____ en la biblioteca.

   4. ¿Sabes que hoy viene mi prima?   —No, _____.

   5. ¿Le das el anillo?   —Sí, _____.

4. CD を聴いて、カッコに語を入れなさい。 cd#39

   1. ¿( ) das estos caramelos?   —No, no ( ) ( ) doy.

   2. ( ) presento ( ) este chico.

   3. ¿Usted ( ) calor?   —No, ( ) un poco de frío.

5. スペイン語にしなさい。

   1. 彼女は君を愛しているの？ ——いいえ、彼女は私を愛してはいない。

   _____

   2. 私はその映画を観たい。

   _____

   3. 君は私にこの女の子を紹介してくれる？

   _____

   4. 君はこの靴を彼女にあげるの？ ——はい、私は彼女にそれをあげます。

   _____

動詞が不定詞の場合、目的格代名詞はその動詞の後ろに付けることもできます。
Voy a comprar este libro. → Voy a comprarlo.

LECCIÓN 8 — Me gusta mucho el estilo de Machiya.

私は町家のスタイルが大好きです。

京都の中心街には「町家」と呼ばれる伝統的な家屋があります。最近では町家で宿泊もできるようになってきました。

En el centro de Kioto: cd#40

Patricia : A ver, ¿por dónde encontramos las casas tradicionales?

Eri : Por esta calle podemos ver las casas "Machiya".

Jorge : Mira, ahí están. Me parecen preciosas.

Eri : Patricia, te interesan las casas de madera, ¿no?

Patricia : Sí, me gusta mucho el estilo de Machiya, sobre todo.

En una clase de cultura, la profesora Tanaka nos cuenta sobre su historia.

Jorge : ¿Puedo entrar?

Eri : Sí, es la tienda de artesanías.

GRAMÁTICA

❶ 直説法現在：不規則動詞（o → ue）

encontrar
見つける

enc**ue**ntro	encontramos
enc**ue**ntras	encontráis
enc**ue**ntra	enc**ue**ntran

c**o**ntar, c**o**star

po**der**
できる

p**ue**do	podemos
p**ue**des	podéis
p**ue**de	p**ue**den

v**o**lver

do**rmir**
眠る

d**ue**rmo	dormimos
d**ue**rmes	dormís
d**ue**rme	d**ue**rmen

m**o**rir

j**u**gar (u → ue)：j**ue**go, j**ue**gas, j**ue**ga, jugamos, jugáis, j**ue**gan

A veces encuentras al profesor en la calle.

¿Puede usted hablar más despacio?

¿Cuánto cuesta?　—Cuesta ocho euros.

No puedo dormir esta noche.

Duermo ocho horas diarias.

❷ gustar 型動詞

gustar は「～にとって気に入る」=「～は…が好きだ」、interesar は「～にとって関心がある」、parecer は「～にとって見える、思える」という意味。文法上の主語は動詞の後ろに置かれる。「～にとって」は「に」格の代名詞を使う（7課参照）。

Nos gustan los deportes.

¿Te interesa la cultura japonesa?

A Pablo le gusta jugar al fútbol.

¿Qué te parece esta casa?　—Me parece preciosa.

❸ 所有形容詞の後置形

修飾する名詞に性と数を合わせる。

	単 数	複 数
1人称	mío (mía, míos, mías)	nuestro (nuestra, nuestros, nuestras)
2人称	tuyo (tuya, tuyos, tuyas)	vuestro (vuestra, vuestros, vuestras)
3人称	suyo (suya, suyos, suyas)	suyo (suya, suyos, suyas)

Esta noche salgo con una amiga mía.

¿De quién son estos paraguas?　—Son nuestros.

¿Es de Jorge esta maleta?　—No, es mía.

EJERCICIOS

1. 指示に従い、カッコの動詞を適切な形に活用しなさい。

    1. No (encontrar, yo) _____ mi móvil.

    2. ¿(Poder, tú) _____ abrir la ventana? - Perdón, no (poder) _____ .

    3. ¿Cuántas horas (dormir, tú) _____ ? — (Dormir) _____ siete horas.

    4. Ellos (volver) _____ a casa temprano.

    5. En la guerra (morir) _____ mucha gente.

    6. ¿Cuánto (costar) _____ estos pantalones? — (Costar) _____ 55 euros.

    7. ¿Dónde (jugar) _____ ustedes al tenis? — (Jugar) _____ en aquella cancha.

2. 指示に従い、カッコに「に」格の代名詞を入れ、動詞を活用させなさい。

    1. No ( ) (gustar) _____ verduras. (私)

    2. A Isabel ( ) (gustar) _____ cantar.

    3. A ustedes ( ) (interesar) _____ mucho las fiestas de Japón.

    4. ¿Qué ( ) (parecer) _____ la cultura japonesa? (君)

    5. A él no ( ) (gustar) _____ los gatos.

数詞（31 〜 100）

31 treinta y uno	32 treinta y dos	33 treinta y tres	34 treinta y cuatro	35 treinta y cinco
40 cuarenta	50 cincuenta	60 sesenta	70 setenta	80 ochenta
90 noventa	100 cien			

EJERCICIOS

3. 指示に従い、質問に対する答えを作りなさい。

   1. ¿Es de María este pañuelo?   —Sí, _____. （彼女のです）

   2. ¿Son tuyos estos zapatos?   —No, _____. （María のです）

   3. ¿Son de tu padre estas gafas? —No, _____. （私のです）

   4. ¿Es vuestro este reloj?   —Sí, _____. （私たちのです）

   5. ¿De quién es este cuaderno?   — _____. （私の友人のです）

4. CD を聴いて、カッコに語を入れなさい。   cd#44

   1. (   ) Pedro no (   ) (   ) los deportes.

   2. Hoy (   ) a casa temprano. Pero mañana no (   ) volver a casa.

   3. ¿(   ) quién son las gafas? —Son (   ).

   4. ¿Cuánto (   ) tu reloj? — (   ) (   ) euros.

5. スペイン語にしなさい。

   1. このメガネは君のなの？　—いいえ、彼のです。

   2. 彼らは今晩眠れません。

   3. あなた方は歌うことが好きですか？

   4. 私はスポーツに興味がありません。

 # Nos sentamos en un tatami de Kawadoko.

川床の畳に座りましょう。

京都の北部には「貴船」と呼ばれる古くからの奥座敷があります。3人は奮発して川床で食事をするようです。

En el norte de Kioto:

Jorge: En Kioto, en verano, hace mucho calor, porque la ciudad está rodeada de montañas.

Eri: Pero aquí en Kibune hace fresco, ¿verdad?
La gente de Kioto veranea aquí, y se entretiene con el paisaje precioso.

Patricia: Hoy disfrutamos la comida japonesa también.

Eri: ¿Veis aquel restaurante? Está sobre el río.
Nos sentamos en un tatami a pocos centímetros encima del agua.

Patricia: ¡Qué maravilla! Me siento feliz de pasar un rato aquí.

GRAMÁTICA

❶ 再帰動詞

主語と目的格代名詞が同一の場合、この代名詞を再帰代名詞と呼び、再帰代名詞と動詞のセットを再帰動詞と呼ぶ。

levantarse
起きる

me	levanto	nos	levantamos
te	levantas	os	levantáis
se	levanta	se	levantan

用法

1. 「自分自身を〜する」

   Ella se mira en el espejo.   Me levanto muy temprano.

2. 「自分自身に〜する」：身につけるものを表すことが多い。

   Me pongo la camiseta.   La chica se quita la chaqueta.

   La niña se lava las manos antes de comer.

3. 「互いに〜する」

   Se conocen desde pequeño.   Nos escribimos cada semana.

4. 意味を少し強調する

   ¿Ya te vas? —Sí, me voy. ¿Todavía te quedas?

❷ 天気の表現

1. hace を使った表現

¿Qué tiempo hace hoy?

Hoy hace {buen tiempo, mal tiempo, calor, frío, fresco, viento}.

2. 「雨が降る（llover）」「雪が降る（nevar）」

Llueve esta tarde.

Nieva mucho este año.

❸ 直説法現在：不規則動詞（e → i）

pedir
要求する、注文する

pido	pedimos
pides	pedís
pide	piden

¿Qué pide usted? —Pido un café con leche.

rep**e**tir, s**e**rvir

•••••••••••••••••••••••••••••••••••••• EJERCICIOS ••••••••••••••••••••••••••••••••••••••

1. カッコに適切な再帰代名詞を入れなさい。

    1. ¿Ya (　　　) vas? —No, todavía (　　　) quedo aquí.

    2. ¿(　　　) sentamos en esta silla?

       —No, ustedes (　　　) sienten en aquella silla, por favor.

    3. ¿(　　　) conocéis desde pequeño?

       —Sí, (　　　) conocemos desde la escuela primaria.

2. カッコの再帰動詞を正しく活用しなさい。

    1. ¿(Levantarse, tú) _____ temprano?

       —No, (levantarse) _____ tarde.

    2. Yo (ponerse) _____ los zapatos nuevos.

    3. ¿Dónde (sentarse, yo) _____? —Usted (sentarse) _____ aquí.

    4. Ellos (divertirse) _____ mucho en el concierto.

    5. Vosotros (ayudarse) _____ mutuamente.

    6. ¿Cómo (llamarse) _____ usted? — (Llamarse) _____ Jaime.

3. カッコの動詞を正しく活用しなさい。

    1. ¿Qué (pedir) _____ ustedes? — (Pedir) _____ paella.

    2. Ella (repetir) _____ la misma pregunta.

    3. ¿Para qué (servir) _____ esto? —Esto no (servir) _____ para nada.

前置詞の後に動詞がくる場合は必ず不定詞：
Me siento feliz <u>de</u> **pasar** un rato aquí. Estamos contentos <u>con</u> **estar** con usted.

● EJERCICIOS ●

4. カッコの動詞を正しく活用しなさい。

   1. ¿Qué tiempo (hacer) _____ hoy? —Hoy (hacer) _____ mal tiempo.

   2. En invierno (hacer) _____ mucho frío, y (nevar) _____ a veces.

   3. Hoy (hacer) _____ viento, y (llover) _____ .

5. CDを聴いて、カッコに語を入れなさい。　　　　　　　　　　　　　　　　　　　cd#49

   1. En verano (_____) mucho (_____) en Kioto.

   2. Hoy (_____) (_____) la blusa nueva (_____) salir (_____) mi novio.

   3. (_____) la cafetería siempre (_____) café (_____) leche.

6. スペイン語にしなさい。

   1. 私たちはお互いに助け合います。

   2. 君たちはもう帰ってしまうの？　——はい、もう帰ります。

   3. 今日は良い天気です。

   4. 私は食べる前に手を洗います。

LECCIÓN 10 — Hemos llegado a la estación de Kurama.

鞍馬駅に着きました。

貴船を後にした３人は叡山電鉄の終着駅、鞍馬駅に着きました。今度は温泉でゆっくり楽しみたいようです。

En la estación de Kurama: cd#50

Jorge : Por fin hemos llegado a la estación de Kurama.

Eri : ¿Qué hora es? Tengo que volver a la residencia a las diez.

Patricia : Son las seis de la tarde. No hay problema. Todavía tenemos tiempo.

Jorge : Es la primera vez que me baño en aguas termales en Japón.

En México ya me he bañado varias veces en aguas termales.

Patricia : En España no me he bañado nunca en aguas termales.

Pero hay unos balnearios en el norte de España.

Jorge : A los japoneses les gusta mucho bañarse en el "Onsen".

A ti también te gusta, ¿no?

Eri : Sí, me gusta mucho. Me baño en el "Onsen" por lo menos una vez al mes.

GRAMÁTICA

❶ 過去分詞

-ar → -ado	-er → -ido	-ir → -ido
llegar → lleg**ado**	comer → com**ido**	vivir → viv**ido**

不規則形

escribir → escrito   ver → visto   hacer → hecho   decir → dicho, etc.

1. 形容詞的な用法：名詞の性と数に合わせ変化。受け身の意味になる。

la ropa hecha en España   unas cartas escritas en español

2. 完了形を作る

❷ 現在完了

he llegado	**hemos** llegado
has llegado	**habéis** llegado
ha llegado	**han** llegado

 1. 現在までに完了していることを表す。

¿Has comido ya? —Sí, ya he comido.   Ha terminado el trabajo ahora.

2. 現在までの経験、継続を表す。

¿Has visto alguna vez este vídeo? —No, no lo he visto nunca.

Ellos siempre me han ayudado en los negocios.

3. 現在を含む時間の副詞と共に使われる。

Este mes hemos ido varias veces al cine.

❸ 時間の表現

1. ¿Qué hora es?「何時ですか？」

—Es la una y diez.

—Son las dos y media.

—Son las tres y cuarto.

—Son las cinco menos cuarto.

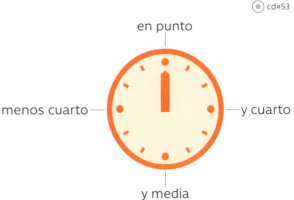

2. ¿A qué hora ~ ?「何時に～？」

¿A qué hora empieza el partido de fútbol?

—Empieza a las ocho y cuarto de la tarde.

EJERCICIOS

1. カッコの動詞を過去分詞にしなさい。

    1. Tengo un libro (escribir) _____ en español.

    2. Estos son los asientos (reservar) _____.

    3. ¿Compras la cartera (hacer) _____ en Italia?

    4. Quiero comprar un coche (usar) _____ de calidad.

2. カッコの動詞を現在完了形にしなさい。

    1. Nosotros (vivir) _____ antes en Londres.

    2. Yo nunca (ver) _____ un jardín tan bonito.

    3. ¿Tú (bañarse) _____ en las aguas termales?

    4. ¿Me (decir, tú) _____ mentiras?

    5. ¿(Estar, tú) _____ alguna vez en Argentina?

    6. Ellos (correr) _____ cinco kilómetros esta mañana.

序数：名詞の性と数に合わせます。

| primero | segundo | tercero | cuarto | quinto |
| sexto | séptimo | octavo | noveno | décimo |

la primer**a** división 1部リーグ　　el primer amor 初恋

la tercer**a** división 3部リーグ　　el tercer mundo 第三世界（発展途上国）

EJERCICIOS

3. 指示に従い、時刻の表現を書きなさい。

   1. ¿Qué hora es? — _____. (2時15分です)

   2. ¿Qué hora es? — _____. (4時15分前です)

   3. ¿A qué hora vuelves a casa? —Vuelvo a casa _____. (1時40分に)

   4. ¿A qué hora empieza la clase? —Empieza _____. (9時半に)

   5. ¿A qué hora llegan los autobuses? —Llegan _____. (11時20分に)

4. CDを聴いて、カッコに語を入れなさい。　　　　　　　　　　　　　　　cd#54

   1. La (　　　) clase empieza (　　　) (　　　) seis (　　　) (　　　).

   2. (　　　) (　　　) bañado en las aguas termales.

   3. Nunca (　　　) (　　　) mentiras.

   *序数を確認！

5. スペイン語にしなさい。

   1. 3時間目は1時15分に始まります。

   2. 今朝、私は6時10分に起きた。

   3. 君はもうPilarに会った？ ——いいえ、私はまだ彼女に会っていない。

   4. 君たちはスペインに行った（いた）ことがある？

LECCIÓN 11   El pasado fin de semana visité el templo Kiyomizu-dera.

週末に私は清水寺を訪れました。

大学のカフェで、パトリシアが先週訪れた清水寺について話しています。

En una cafetería de la universidad: cd#55

Patricia : El pasado fin de semana visité el templo Kiyomizu-dera.

Jorge : Ya lo visité en una ocasión. Me gustó mucho. ¿A ti, qué te pareció?

Patricia : Lo pasé muy bien. Se ve un paisaje maravilloso.

Eri : ¿Sabes que hay una expresión japonesa sobre ese templo?

Patricia : Sí, "saltar de la plataforma de Kiyomizu".

Jorge : Yo no he escuchado hablar de eso. ¿Qué significa?

Eri : Significa "dar el paso decisivo". ¿Sabes por qué?

Porque se necesita una decisión firme para saltar de lo alto.

"saltar de la plataforma de Kiyomizu"

GRAMÁTICA

❶ 点過去：規則動詞

visitar

visité	visitamos
visitaste	visitasteis
visitó	visitaron

comer

comí	comimos
comiste	comisteis
comió	comieron

salir

salí	salimos
saliste	salisteis
salió	salieron

スペルに注意①：1人称単数だけ変わる

　　buscar → busqué（✘ buscé）　llegar → llegué（✘ llegé）　empezar → empecé（✘ empezé）

スペルに注意②：3人称だけ変わる

　　leer → leí, leíste, **leyó**, leímos, leísteis, **leyeron**

　　oír → oí, oíste, **oyó**, oímos, oísteis, **oyeron**

 過去の行為や出来事を完結したものとして表す。

Ayer ella compró una novela y la leyó en seguida.

Aprendimos español por dos años en la universidad.

❷ 受け身の se

人間は主語にはならない。

Este libro se publicó hace 20 años.

En este supermercado se venden cosas baratas.

❸ 日付と曜日

enero	febrero	marzo	abril	mayo	junio
julio	agosto	septiembre	octubre	noviembre	diciembre

lunes	martes	miércoles	jueves	viernes	sábado	domingo

¿Qué día es hoy? —Hoy es viernes.

¿Qué fecha es hoy? —Hoy es (el) tres de octubre.

¿Cuándo sales para Chile? —Salgo **el** jueves (**el** diez de enero).

● EJERCICIOS ●

1. カッコの動詞を点過去の正しい形にしなさい。

   1. Anoche mi padre (volver) _____ muy tarde a casa, y (acostarse) _____ a la una.

   2. Ayer por la mañana, los alumnos (correr) _____ mucho, pero no (llegar) _____ a tiempo a la escuela.

   3. Anteayer yo (buscar) _____ mi móvil en mi casa, pero no lo (encontrar) _____ .

   4. La semana pasada ellos (despertarse) _____ de repente, porque (oír) _____ un ruido.

   5. Nosotros (vivir) _____ tres años en Barcelona, y allí (aprender) _____ muchas cosas.

2. 質問にスペイン語で答えなさい。

   1. ¿A qué hora se levantó usted el viernes pasado? — _____ (7:30).

   2. ¿Leyó usted mi mensaje? — Sí, _____ .

   3. ¿Con quién hablaste anoche? — _____ el profesor.

   4. ¿Cuándo empezaste a aprender español? — _____ hace dos años.

   5. ¿Ayer llegaste temprano a la estación? — Sí, _____ a la una de la tarde.

前置詞格代名詞
前置詞の後に人称代名詞が来ると、yo → **mí**　tú → **ti** になります。
Siempre pienso en ti.　　A mí no me gustan los gatos.

さらに、con の後では、**conmigo**　**contigo** になります。
¿Quieres ir al cine conmigo? —No, no quiero salir contigo.

••••••••••••••••••••••••••••••••••••• EJERCICIOS •••••••••••••••••••••••••••••••••••••

3. 下の枠の中から適切な語句を選んで文を完成させなさい。

   1. En los grandes almacenes (   ) cosas caras.

   2. Para hacer algo (   ) una decisión firme.

   3. Por aquí (   ) un paisaje maravilloso.

   4. En el tren (   ) hablar por teléfono.

   5. En la clase de español (   ) estos textos.

   | se ve   se usan   se venden   se necesita   se prohíbe |

4. CDを聴いて、カッコに語を入れなさい。   cd#59

   1. (   ) (   ) de (   ) (   ) el Museo del Prado contigo.

   2. Ellos (   ) la novela (   ) (   ) pasado.

   3. Aquí (   ) (   ) fumar.

5. スペイン語にしなさい。

   1. スペインではバルで (en los bares) タバコを吸うのが禁止されている。

   2. 私の先生は5年メキシコに住み、2年前に日本へ帰ってきた。

   3. 先週木曜日に私の母は空港に到着した。

   4. 君の誕生日はいつなの？ ──私の誕生日は (自分の誕生日の日付) です。

51

LECCIÓN 12　La Ciudad de México fue la capital del Imperio azteca.

メキシコ・シティーはアステカ帝国の中心地でした。

ホルヘとエリは「哲学の道」を散歩中です。メキシコのアステカ文明について話しているようです。

Paseando por el Camino del Filósofo:　　　　　　　　　　　　　　　cd#60

Jorge : Oye, ¿sabes que la Ciudad de México fue la capital del Imperio azteca?

Eri : Sí, lo he aprendido en la escuela. Pero el nombre de la capital no fue "Ciudad de México", sino* "Tenochi…" No me acuerdo bien.

Jorge : "Tenochtitlán". Se fundó en medio de un lago muy grande llamado "Lago de Texcoco".

Eri : Entonces, la Ciudad de México se construyó sobre el lago.

Jorge : Exactamente. Pero ahora el lago ya no es tan grande como antes.

Eri : Con el móvil quiero saber las dimensiones del lago. A ver…. está cargando… ahora viene. Tuvo unos 65 kilómetros de norte a sur. ¡Casi igual que Biwako!

*no ~ sino …：～ではなく…だ

GRAMÁTICA

❶ 点過去：不規則動詞

cd#61

1. tener（語幹が -u- になる）

tener

tuve	tuvimos
tuviste	tuvisteis
tuvo	tuvieron

estar： estuve estuviste estuvo …
poder： pude pudiste pudo …
saber： supe supiste supo …

2. venir（語幹が -i- になる）

venir

vine	vinimos
viniste	vinisteis
vino	vinieron

hacer： hice hiciste **hizo** …
querer： quise quisiste quiso …

3. decir（語幹が -j- になる）

decir

dije	dijimos
dijiste	dijisteis
dijo	dijeron

traer： traje trajiste trajo …
conducir： conduje condujiste condujo …

3人称複数形は語尾が -eron になる：dijeron, trajeron, condujeron

4. 完全不規則

ver

vi	vimos
viste	visteis
vio	vieron

dar

di	dimos
diste	disteis
dio	dieron

ir / ser

fui	fuimos
fuiste	fuisteis
fue	fueron

❷ 現在分詞

cd#62

-ar → -ando	-er → -iendo	-ir → -iendo
llegar → lleg**ando**	comer → com**iendo**	vivir → viv**iendo**

不規則形

venir → viniendo   decir → diciendo   leer → leyendo   dormir → durmiendo, etc.

1. 進行形：estar + 現在分詞

¿Qué estás haciendo? —Estoy leyendo un libro.

¿Dónde me estás esperando?

2. 同時進行：「～しながら、～して」

Ana siempre come viendo la televisión.

•••••••••••••••••••••••••••••••••••• EJERCICIOS ••••••••••••••••••••••••••••••••••••

1. カッコの動詞を点過去にしなさい。

   1. Ellos no (quiere) _____ ir en taxi, y (tener) _____ que andar.

   2. Anteayer María (ir) _____ al mercado, pero no (poder) _____ comprar nada.

   3. Tú no me (decir) _____ nada, y (irse) _____ de mi casa.

   4. ¿Cómo (saber, tú) _____ la noticia de la huelga? — _____ en la radio.

   5. ¿(Hacer) _____ usted algo especial para su cumpleaños? —No, _____ nada.

   6. Ellos me (traer) _____ un coche grande, y yo no lo (poder) _____ conducir.

2. estar を使って現在形の文を現在進行形に作り替えなさい。

   例 Escrito un informe. → <u>Estoy escribiendo</u> un informe.

   1. Comemos paella en una playa de Valencia. → _____

   2. Habláis con el jefe. → _____

   3. Dices una tontería. → _____

   4. Los niños duermen tranquilos. → _____

   5. Leo el periódico. → _____

否定表現について
no ~ nada（何も～ない）、no ~ nadie（誰も～ない）、などのように否定の no と否定語の nada, nadie の組み合わせで全否定の文になります。

●●●●●●●●●●●●●●●●●●●●●●●●●●●●●●●●●● EJERCICIOS ●●●●●●●●●●●●●●●●●●●●●●●●●●●●●●●●●●

3. CDを聴いて、カッコに語を入れなさい。　　　　　　　　　　　　　　　cd#63

   1. Anteayer (　　　　　) a la playa (　　　　　　) mis amigos. (　　　　　　) muy divertido.

   2. Ella no me (　　　　　) (　　　　　).

   3. Mi padre siempre come (　　　　　) el periódico.

   4. (　　　　　) (　　　　　) con (　　　　　) jefe.

4. スペイン語にしなさい。

   1. 昨日、私は友人たちとビーチへ行ったが、楽しくなかった。

   2. 一昨日、私はJorgeに会いました。彼はハンサム (guapo) でした。

   3. 彼女は私に新聞をくれました。

   4. 君は今何をしているの？ ——私の上司と話しているところ。

LECCIÓN 13 ¿Cómo se llamaba la cocina budista?

その仏教料理、何て言ったかな？

パトリシアとホルヘは先日行った精進料理について話しています。メキシコ人のホルヘはどんな印象を持ったのでしょうか。

En un restaurante japonés: cd#64

Patricia : ¿A dónde fuisteis el viernes pasado?

Jorge : Fuimos a un templo de Arashiyama. Allí comimos platos vegetarianos del templo. ¿Cómo se llamaba la cocina budista?

Patricia : "Shojin-ryori". Lo he probado una vez en otro templo Zen. Disfruté del sabor natural de los alimentos.

Jorge : Me sorprendió por su variedad y creatividad, porque combinaba sencillamente verduras de temporada, algas, plantas de montaña, soya*, tofu y arroz.

Patricia : ¿Y te gustó?

Jorge : La verdad, no tenía mucho sabor para mí, porque en México comía platos con mucho más condimentados que ahora.

*soya：スペインでは soja という

GRAMÁTICA

❶ 線過去

visitar

visitaba	visitábamos
visitabas	visitabais
visitaba	visitaban

comer

comía	comíamos
comías	comíais
comía	comían

salir

salía	salíamos
salías	salíais
salía	salían

不規則動詞

ser	era	eras	era	éramos	erais	eran
ir	iba	ibas	iba	íbamos	ibais	iban
ver	veía	veías	veía	veíamos	veíais	veían

 用法

1. 過去のある時点における継続中の行為や状態を表す。

   Cuando llegué a la estación, no había nadie.

2. 過去の反復的、習慣的行為を表す。

   Cuando era estudiante, solía jugar al fútbol en la cancha.

❷ 比較表現

1. 形容詞と副詞の比較級

   優等比較：más　＋形容詞・副詞＋ que　　　María es **más** alta **que** Pedro.

   劣等比較：menos ＋形容詞・副詞＋ que　　　Pedro es **menos** alto **que** María.

   同等比較：tan　＋形容詞・副詞＋ como　　　Rafael es **tan** alto **como** María.

Ella habla tan deprisa como tú.

Ellos se levantan más temprano que nosotros.

2. 「良」と「悪」の比較級

形容詞	副詞	比較級
bueno	bien	**mejor**
malo	mal	**peor**

Esta cama es buena, pero esa cama es mejor que esta.

Tú cantas bien, pero ella canta mejor que tú.

Tú juegas mal al tenis, pero yo juego peor que tú.

3. 「多」と「小」の比較級

形容詞	副詞	比較級
mucho	mucho	**más**
poco	poco	**menos**

Tienes muchos libros, pero ella tiene más libros que tú.

Ella come mucho, pero tú comes más que ella.

Tengo pocas amigas, pero Miguel tiene menos amigas que yo.

4. mucho の同等比較級：**tanto**（形容詞・副詞）

Él sacó muchas fotos, y yo saqué tantas fotos como él.

Rafael y María estudiaron mucho, y yo también estudié tanto como ellos.

EJERCICIOS

1. カッコの語を使って、優等、劣等比較の文にしなさい。

    1. Dolores es alta. (Miguel) （優等比較に）

    2. Aquellos chicos son guapos. (estos) （優等比較に）

    3. Estamos ocupados. (ellos) （劣等比較に）

    4. Ella llegó a la clase tarde. (otros estudiantes) （優等比較に）

    5. Esta bicicleta es buena. (esa) （優等比較に）

    6. María cocina mal. (Josefa) （劣等比較に）

2. カッコの語を使って同等比較の文にしなさい。

    1. Mi maleta es ligera. (la tuya)

    2. Ángela corre rápido. (tú)

    3. Mi sobrino come mucho. (yo)

    4. En nuestra universidad hay muchos estudiantes. (la vuestra)

    5. Mi hijo tiene muchas camisetas de fútbol. (Alberto)

mayor と menor は年齢の比較のときなどに使われます。
Ella es cinco años **mayor (menor)** que yo.

• EJERCICIOS •

3. カッコの動詞を線過去にしなさい。

   1. Cuando nosotros (ser) _____ pequeños, siempre (jugar) _____ cerca de las ruinas.

   2. Mientras vosotros (nadar) _____ en el río, yo (preparar) _____ el almuerzo.

   3. Antes (haber) _____ un puente por aquí, y (pasar) _____ muchos coches.

   4. Tú (ver) _____ todas las noches ese programa, y yo no (poder) _____ ver el otro.

4. カッコの動詞を点過去か線過去にしなさい。

   1. Yo (hablar) _____ con Pedro cuando (venir, tú) _____ .

   2. Ese día nosotros no (ir) _____ a la casa de Antonio porque (llover) _____ mucho.

   3. Con el mensaje yo (saber) _____ que tú (tener) _____ novia.

   4. ¿Qué (hacer) _____ ustedes cuando (ocurrir) _____ el terremoto?

5. CDを聴いて、カッコに語を入れなさい。　　　　　　　　　　　　　　　　cd#67

   1. Antes (_____) en un piso (_____) pequeño (_____) el de ahora.

   2. En mi universidad hay (_____) estudiantes (_____) en la (_____).

   3. Cuando (_____) a regresar a casa, (_____) un accidente de tráfico.

6. スペイン語にしなさい。

   1. 以前、君は私と同じくらいたくさん本をもっていたよね？

   _____

   2. 私たちが学生だったとき、君は私よりたくさん勉強していた。

   _____

   3. 私の母は私の父よりも料理が下手だ。

   _____

   4. 私の先生は他の先生たちよりも忙しい。

   _____

LECCIÓN 14 Nos olvidaremos del tiempo.

時間を忘れましょう。

３人は石庭で有名な龍安寺に来ています。パトリシアとホルヘは、西洋とは全く異なる庭園に興味津々です。

En el templo Ryoanji, viendo el jardín más conocido: cd#68

Patricia : Los jardines tradicionales de Japón, a diferencia de los jardines occidentales, se crean con curvas y de manera asimétrica.

Jorge : En México hay más plantas y flores, pero nunca he visto un jardín como éste.

Eri : Este tipo de jardín se llama "Karesansui" o jardín seco.
No utiliza agua y expresa la naturaleza con arena o en algunos casos piedras blancas y rocas.

Patricia : Con las piedras limitadas y la arena blanca, con líneas curvas o rectas, ¿representará algo filosófico de Zen?

Eri : No habrá respuestas fijas. Bueno, nos sentaremos en la veranda, y nos olvidaremos del tiempo contemplando el jardín.

GRAMÁTICA

❶ 未来

visitar

visitaré	visitaremos
visitarás	visitaréis
visitará	visitarán

ser

seré	seremos
serás	seréis
será	serán

ir

iré	iremos
irás	iréis
irá	irán

不規則動詞

1. poder, saber, haber

poder	podré	podrás	podrá	podremos	podréis	podrán
saber	sabré	sabrás	sabrá	sabremos	sabréis	sabrán
haber	habré	habrás	habrá	habremos	habréis	habrán

2. venir, salir, tener

venir	vendré	vendrás	vendrá	vendremos	vendréis	vendrán
salir	saldré	saldrás	saldrá	saldremos	saldréis	saldrán
tener	tendré	tendrás	tendrá	tendremos	tendréis	tendrán

3. hacer, decir

hacer	haré	harás	hará	haremos	haréis	harán
decir	diré	dirás	dirá	diremos	diréis	dirán

1. 未来の予定や予測を表す。

   La semana próxima iremos al campo con nuestros vecinos.

   Mañana me levantaré a las seis de la mañana.

2. 現在の推量を表す。

   Ahora, la farmacia ya estará abierta.

   ¿Qué hora será? —Serán las cuatro y media.

❷ 最上級

形容詞の最上級：定冠詞＋比較級（＋ de ～）

Aquel templo es uno de los más conocidos de Kioto.

Esta zapatería será la mejor de toda la ciudad.

Esta película se considera como la peor de este año.

❸ 関係代名詞：que

先行詞になるのは人でもモノでもよい。関係代名詞で最も良く使われる。

Conozco a la chica que trabaja muy bien en tu sección.

¿Me devuelves el reloj que te presté el otro día?

•••••••••••••••••••••••••••••••••••• EJERCICIOS ••••••••••••••••••••••••••••••••••••

1. カッコの動詞を未来形に変えなさい。

    1. ¿Ustedes (ver) _____ al partido de mañana? —No, no (poder) _____ ver.

    2. ¿Cuándo (ser) _____ la reunión?

        — No sé, pero te lo (decir, yo) _____ el próximo lunes.

    3. ¿Mañana (tener, tú) _____ tiempo libre?

        — Lo siento, pero mañana (salir, yo) _____ con mi novio.

    4. ¿Qué tiempo (hacer) _____ pasado mañana?

        — (hacer) _____ buen tiempo según el pronóstico.

    5. El próximo fin de semana (ir, nosotros) _____ al jardín botánico.

        ¿(Haber) _____ mucha gente?

2. 語を正しく並び替えなさい。

    1. alta, soy, más, hermanas, yo, las, la, de

    2. equipo, el, es, mundo, mejor, del, El Barcelona

    3. será, mi novio, más, la clase, guapo, de, el, no

    4. templo, más, conozco, Kioto, famoso, de, el

    5. el, ocurrió, ti, accidente, peor, para

 絶対最上級：母音で終わる形容詞は、母音を取って -ísimo をつけます。
子音で終わる形容詞には、そのまま -ísimo をつけます。

corto → cortísimo   caro → carísimo

difícil → dificilísimo   feliz → felicísimo

• EJERCICIOS •

3. que を使い、下線の語句を先行詞にして文を一つにしなさい。

   例 Leeré el libro. Compré el libro ayer. → Leeré el libro que compré ayer.

   1. ¿Dónde está el chico guapo? Estás esperando al chico guapo.

   2. ¿Cuándo te devuelvo el libro? Me prestaste el libro el otro día.

   3. En esta clase hay unos estudiantes. Unos estudiantes quieren ir a México.

   4. ¿Me traes la bufanda? Me compraste la bufanda para mi cumpleaños.

4. CD を聴いて、カッコに語を入れなさい。　　　　　　　　　　　　　　　　　cd#72

   1. Mañana (　　　　) (　　　　) cantante (　　　　　　) conocida de toda España.

   2. ¿Cuál es (　　　　) (　　　　) película (　　　　　　) siglo 20?

   3. ¿Qué hora (　　　　　)? — (　　　　　) las ocho y (　　　　　).

   4. En casa (　　　　　) las tareas, y luego me lo (　　　　), por favor.

5. スペイン語にしなさい。

   1. 君にとって、世界で最も有名な歌手は誰 (quién) ですか？

   2. 天気予報によると、明日は悪い天気でしょう。

   3. 彼は、私が彼に買った指輪を持ってくるだろうか？

   4. 君たちは何時に起きるつもり？ ——私たちは朝の 5 時に起きるつもりです。

   5. 私は昨日見た映画が好きではない。

LECCIÓN 15 — Me gustaría ir con ustedes.

あなたたちと一緒に行きたいな。

新年を迎え、3人は上賀茂神社に初詣に行こうとしています。12月にはクリスマスを祝ったばかり。キリスト教の国から来た2人は少し戸惑っている様子です。

En el santuario de Kamigamo, el año nuevo: cd#73

Eri : ¡Feliz año nuevo, Patricia! ¿Quieres visitar el santuario de Kamigamo, que es uno de los más antiguos santuarios de Kioto?

Patricia : ¡Cómo no! Pero a finales de diciembre acabamos de* celebrar la Navidad, y ahora nos toca* celebrar el año nuevo en el santuario sintoísta.

Jorge : A mí también me gustaría ir con ustedes, pero en casa aún están colocados los nacimientos. ¿Saben ustedes que en México se guardan hasta principios de febrero?

Eri : No lo sabía. Bueno, entonces, vamos juntos al santuario.

Patricia : Me gustaría sacar mi Omikuji, una especie de oráculo que determinaría mi suerte para el nuevo año.

Jorge : ¡Qué costumbre tan curiosa! ¡Vamos!

*acabar de ~：〜したばかり   *tocar ~：〜することになる

GRAMÁTICA

❶ 過去未来

cd#74

visitar

visitaría	visitaríamos
visitarías	visitaríais
visitaría	visitarían

ser

sería	seríamos
serías	seríais
sería	serían

ir

iría	iríamos
irías	iríais
iría	irían

不規則動詞

1. poder, saber, haber

poder	podría	podrías	podría	podríamos	podríais	podrían
saber	sabría	sabrías	sabría	sabríamos	sabríais	sabrían
haber	habría	habrías	habría	habríamos	habríais	habrían

2. venir, salir, tener

venir	vendría	vendrías	vendría	vendríamos	vendríais	vendrían
salir	saldría	saldrías	saldría	saldríamos	saldríais	saldrían
tener	tendría	tendrías	tendría	tendríamos	tendríais	tendrían

3. hacer, decir

hacer	haría	harías	haría	haríamos	haríais	harían
decir	diría	dirías	diría	diríamos	diríais	dirían

 1. 過去の推量

Serían las once de la noche cuando me llamaste por teléfono.

2. 婉曲的表現：丁寧な依頼など

Me gustaría hablar con usted.

¿Podrías hablar un poco más despacio?

3. 過去から見た未来

Mi amigo me dijo que vendría a mi casa a las ocho.

❷ 感嘆文：Qué の後に形容詞、副詞、名詞を置く

cd#75

1. ¡Qué ＋名詞（＋ tan ＋形容詞）！

¡Qué suerte!   ¡Qué desastre!   ¡Qué paisaje tan bonito!

2. ¡Qué ＋形容詞・副詞！

¡Qué guapa eres tú!   ¡Qué bien!   ¡Qué rápido corre este coche!

●●●●●●●●●●●●●●●●●●●●●●●●●●●●●●●●●●● **EJERCICIOS** ●●●●●●●●●●●●●●●●●●●●●●●●●●●●●●●●●●●

1. 全文を過去に書き換えなさい。

   例 Me dicen que vendrán a las ocho. → Me dijeron que vendrían a las ocho.

   1. Pienso que te saldrán bien los exámenes. → _____
   2. Él nota que viajaré por Latinoamérica. → _____
   3. Ella me dice que hará mal tiempo. → _____
   4. Entienden que no podrás entrar en la universidad.
      → _____
   5. Sé que me dirás la verdad. → _____

2. 例にならって、感嘆文にしなさい。

   例 paisaje bonito   → ¡Qué paisaje tan bonito!
     Hablas bien español.   → ¡Qué bien hablas español!

   1. chica guapa   → _____
   2. edificio grande   → _____
   3. joven inteligente   → _____
   4. Este chico corre rápido. → _____
   5. Acabas las tareas pronto. → _____

初旬、中旬、下旬の表現
a principios de ~ : ～の初旬に   a mediados de ~ : ～の中旬に
a finales de ~ : ～の下旬に

EJERCICIOS

3. スペイン語の数詞はアラビア数字に、アラビア数字はスペイン語にしなさい。

   1. dos mil veintiuno

   2. doce mil novecientos noventa y nueve

   3. 15.767

   4. 16.225

数詞 (100 〜 1.000.000)

100 cien	101 ciento uno	110 ciento diez	190 ciento noventa	200 doscientos
300 trescientos	400 cuatrocientos	500 quinientos	600 seiscientos	700 setecientos
800 ochocientos	900 novecientos			
1.000 mil	2.000 dos mil	10.000 diez mil	100.000 cien mil	1.000.000 un millón

4. CD を聴いて、カッコに語を入れなさい。   cd#76

   1. ¡Qué niña (　　　　) (　　　　)!

   2. (　　　　) (　　　　) viajar (　　　　) España.

   3. Me (　　　　) que lo (　　　　) cuanto antes*.   *できるだけ早く

   4. ¿(　　　　) hablar español (　　　　) despacio?

5. スペイン語にしなさい。

   1. 私の友人は私に5時に来るだろうと言った。

   2. なんて大きな家なんだろう！

   3. 君はなんて速くスペイン語を話すんだろう！

   4. 私たちはあなた方と旅行がしたいのですが。

LECCIÓN 16 · Déjame leer la guía.

私にガイドブックを読ませて。

3人は京都御所に来ています。ガイドブックを読みながら、京都の歴史について話しているようです。

En el palacio imperial, "Gosho": cd#77

Jorge : Déjame leer la guía... Dice que Kioto fue la antigua capital y la residencia imperial durante más de mil años.

Patricia : Dime, ¿cuándo fue trasladada la residencia a Tokio?

Jorge : Bueno, pues... sería cuando el emperador de Meiji se marchó a Tokio... Supongo que sería en 1869, pero no estoy seguro.

Eri : Kioto tiene mucha historia, por eso la gente está muy orgullosa de ser de Kioto, aunque la residencia imperial está en Tokio.

Patricia : Como soy de Barcelona, entiendo lo que sienten. Porque Barcelona es la segunda ciudad más grande de España, y también tiene más historia que Madrid, capital de España.

Eri : Además, habláis un idioma diferente al español.

Patricia : Sí, hablamos catalán.

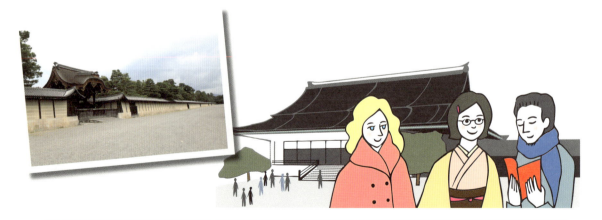

受動態

動詞 ser と過去分詞の組み合わせで受動態を表します。
Estas casas **fueron diseñadas** por un arquitecto famoso.

GRAMÁTICA

❶ 命令形

1. 規則形

肯定命令

	hablar	comer	abrir
tú	habla	come	abre
usted	hable	coma	abra
vosotros	hablad	comed	abrid
ustedes	hablen	coman	abran

否定命令

	hablar	comer	abrir
tú	no hables	no comas	no abras
usted	no hable	no coma	no abra
vosotros	no habléis	no comáis	no abráis
ustedes	no hablen	no coman	no abran

tú の肯定命令 → 直説法現在 3 人称単数形。vosotros の肯定命令 → 語末の -r を -d にする。
usted と ustedes の肯定命令と全ての否定命令 → -ar 動詞は e に、-er, -ir 動詞は a にする。

2. 不規則形

肯定命令

	decir	venir	hacer
tú	di	ven	haz
usted	diga	venga	haga
vosotros	decid	venid	haced
ustedes	digan	vengan	hagan

否定命令

	decir	venir	hacer
tú	no digas	no vengas	no hagas
usted	no diga	no venga	no haga
vosotros	no digáis	no vengáis	no hagáis
ustedes	no digan	no vengan	no hagan

Abran la puerta, por favor.　　No hables tan rápido, que no te entiendo.

Ven conmigo al cine.　　No hagas tonterías.　　No comáis tanto.

❷ 命令形と目的格代名詞（再帰代名詞）

・肯定命令のときは、動詞の後ろにつける。

　di + me + lo → dímelo　　come + lo → cómelo

Siéntate aquí.　　　　　　　　Levántese a las ocho.

・否定命令のときは、動詞の前に置く。

No me lo digas.　　　　　　　No lo comas.

No te sientes aquí.　　　　　　No se levante hasta las ocho.

❸ 接続詞：「～なので」「だから」「～ではあるが」

Como no tengo dinero, no voy a salir esta noche.

Kioto tiene mucha historia, **por eso** la gente visita allí.

Me gusta Kioto **aunque** hace mucho calor en verano.

·· EJERCICIOS ··

1. カッコの動詞を変えて、肯定命令文にしなさい。

    1. Niños, (comer, vosotros) _____ esta sandía.

    2. Carmen, (tomar, tú) _____ el desayuno.

    3. Hijo, (venir, tú) _____ aquí ahora mismo.

    4. Ustedes, (beber) _____ el vino, por favor.

    5. (Volver) _____ usted antes de las diez.

    6. (Sentarse, tú) _____ en este sofá.

2. カッコの動詞を変えて、否定命令文にしなさい。

    1. No (abrir, vosotros) _____ la ventana.

    2. No (leer, ustedes) _____ estos libros.

    3. No (venir, tú) _____ a mi casa.

    4. No (hacer, vosotros) _____ tonterías.

    5. No (decírmelo, tú) _____ .

    6. No (dormir, tú) _____ en la clase.

tú の肯定命令の不規則形には decir, venir, hacer の他に poner, ir, salir, ser もあります。

poner → pon   ir → ve   salir → sal   ser → sé

Ponte los guantes.   ¡Vete!   Sal ahora mismo.   Sé bueno.

EJERCICIOS

3. aunque, como, por eso, porque のいずれか適切な語を入れなさい。

   1. (   ) no habla mucho, sus amigos creen que Jorge es tímido.

   2. Hoy no salimos (   ) mi madre está resfriada.

   3. Hoy hace mucho frío, (   ) me quedo en casa.

   4. Voy a la playa (   ) llueve ahora.

4. CD を聴いて、カッコに語を入れなさい。　cd#81

   1. ¿(   ) qué no vienes a mi casa? — (   ) estoy resfriada.

   2. No (   ) (   ) tonterías.

   3. (   ) aquí, por favor.

   4. (   ) ahora mismo.

   5. No (   ) (   ), por favor.

5. スペイン語にしなさい。

   1. Carmen、明日 5 時に起きなさい！

   2. あなた、その窓を閉めてください、お願いします。

   3. 君は疲れているので、ここに座りなさい。

   4. 君たちはそのワインを飲んでいるの？　それを飲まないで！

APÉNDICE · Lectura

El Festival de Gion

cd#82

El festival de Gion tiene lugar durante todo el mes de julio, pero las principales actividades tienen lugar a mediados de mes, especialmente la noche del 17 de julio. Se celebra el desfile de carrozas, denominado yamahoko, que es el gran evento del festival.

El festival de Gion tiene mucha historia. Está considerado como uno de los más representativos del verano en Japón. Hace unos 1.100 años, cuando Kioto era todavía capital del país, muchas personas perdían la vida durante el verano por las plagas. Cuando llegaba la época de lluvias, el río Kamogawa se desbordaba cada año; el agua afluía por toda la ciudad, por lo que se extendían las epidemias por todos los rincones de la antigua capital.

Kioto no fue el único lugar del país azotado por las plagas naturales. En casi todos los lugares del archipiélago japonés ocurrían terremotos, y varios volcanes estaban activos. La gente consideraba que estos sucesos eran una maldición de las personas que habían muerto* de repente por las plagas. Por eso había que* calmar a todos los espíritus de los muertos, y así fue como empezó a celebrarse en el santuario sintoísta de Gion una ceremonia que daría origen al actual festival de Gion.

*habían muerto「死んでしまった」（過去完了）　*haber que「〜しなければならない」

EJERCICIOS

これまで学んだ内容の復習問題です。以下の日本語をスペイン語にしなさい。
第 2 課〜第 8 課

1. そのテーブルには一本のボールペンがあります。

2. ここにはウェイトレスが 3 人います。

3. その駅はどこにありますか？

4. 彼女たちは日本人です。

5. 私たちはそのホテルの近くにいます。

6. 君は日本語を話すの？

7. 彼らはいつもここでこの本を読みます。

8. 君たちは何をするの？ ──私たちは宿題をします。

9. 彼らの車はとても安いです。(車は 1 台)

10. 君は何歳なの？ ──私は 20 歳です。

11. 明日、私たちはその有名な美術館を訪れる予定です。

12. 私はスペインを旅行したい。

13. 君は María を愛しているの？ ──いいえ、私は彼女を愛していない。

14. このメガネは誰のですか？ ──私のです。

15. 君はメキシコが好きなの？ ──はい、大好きです。

APÉNDICE — Último diálogo

cd#83

Jorge: Mis padres me mandaron un mensaje, diciendo que este fin de mes van a visitarme, y quieren viajar por Kioto. ¿Cuál crees que es el lugar más recomendable para conocer?

Eri: Ya visitaste muchos lugares turísticos, ¿verdad? Bueno, yo te pregunto. ¿Cuál es el lugar más impresionante en el que has estado en Kioto?

Jorge: Mmm... Será el Delta de Kamogawa. Para la gente local "como yo", es un lugar donde relajarse, conocer y conversar con amigos, y disfrutar de un tiempo familiar al aire libre.

Patricia: Y te gusta cruzar el río saltando los escalones de piedra, ¿no?

Jorge: Sí, me gusta mucho. Pero para mis padres será difícil cruzar el río pisando cada piedra puesta. A ver si no se caen en el agua, pues están muy gordos.

Patricia: ¿Por qué no les recomiendas visitar Fushimi Inari, que es uno de los sitios que más interesan a los turistas extranjeros que visitan Japón?

Jorge: ¡Será buena idea! Antes de venir a Japón, consideraba la estampa como algo típico.

Patricia: Me emocionó la serie de "Mil Toriis", o pórticos de color bermellón que marcan el sendero hasta Fushimi Inari.

Eri: Estos toriis los colocaron personas que vinieron a rezar al santuario para tener éxito en los negocios. Ahora cuenta con unos 10.000 toriis. Creo que tus padres estarán contentos.

Jorge: Creo que sí. Es que mis padres se dedican al comercio de ropa y calzado en la Ciudad de México. Para ganar más tienen que venir aquí a rezar.

EJERCICIOS

これまで学んだ内容の復習問題です。以下の日本語をスペイン語にしなさい。
第 9 課～第 16 課

1. 君は何時に起きますか？ ——私は 5 時に起きます。

2. 今日はどんな天気ですか？ ——今日はいい天気です。

3. 君はアルゼンチンに行ったこと（いたこと）ある？ ——いいえ、一度もありません。

4. ここでは果物が売られています。

5. 彼女は 2 年間スペイン語を学びました。

6. 私は昨日君と一緒にビーチに行ったが、楽しくなかった。

7. 君たちは何をしているの？ ——私たちは勉強している最中です。

8. Patricia はいつ君にそれを言ったの？

9. Carlos が来たとき、私たちはテレビを見ていました。

10. この携帯電話はそれよりも高価だ。

11. 私が子供だったとき、サッカーをしていました。

12. なんてかわいい女の子なんだろう！

13. その飛行機は 2 時間後（dentro de）に到着するだろう。

14. （あなた）その窓を開けてください、お願いします。

15. 彼らはスペイン語を話せる学生たちです。

動詞活用表

	直説法現在	直説法点過去	直説法線過去
hablar 話す 現在分詞 hablando 過去分詞 hablado	hablo hablas habla hablamos habláis hablan	hablé hablaste habló hablamos hablasteis hablaron	hablaba hablabas hablaba hablábamos hablabais hablaban
comer 食べる 現在分詞 comiendo 過去分詞 comido	como comes come comemos coméis comen	comí comiste comió comimos comisteis comieron	comía comías comía comíamos comíais comían
vivir 住む・生きる 現在分詞 viviendo 過去分詞 vivido	vivo vives vive vivimos vivís viven	viví viviste vivió vivimos vivisteis vivieron	vivía vivías vivía vivíamos vivíais vivían
andar 歩く 現在分詞 andando 過去分詞 andado	ando andas anda andamos andáis andan	*anduve* *anduviste* *anduvo* *anduvimos* *anduvisteis* *anduvieron*	andaba andabas andaba andábamos andabais andaban
conocer 知っている 現在分詞 conociendo 過去分詞 conocido	*conozco* conoces conoce conocemos conocéis conocen	conocí conociste conoció conocimos conocisteis conocieron	conocía conocías conocía conocíamos conocíais conocían
dar 与える 現在分詞 dando 過去分詞 dado	*doy* *das* *da* *damos* *dais* *dan*	*di* *diste* *dio* *dimos* *disteis* *dieron*	daba dabas daba dábamos dabais daban
decir 言う 現在分詞 *diciendo* 過去分詞 *dicho*	*digo* *dices* *dice* decimos decís *dicen*	*dije* *dijiste* *dijo* *dijimos* *dijisteis* *dijeron*	decía decías decía decíamos decíais decían
dormir 眠る 現在分詞 *durmiendo* 過去分詞 dormido	*duermo* *duermes* *duerme* dormimos dormís *duermen*	dormí dormiste *durmió* dormimos dormisteis *durmieron*	dormía dormías dormía dormíamos dormíais dormían
estar 〜である 現在分詞 estando 過去分詞 estado	*estoy* *estás* *está* estamos estáis *están*	*estuve* *estuviste* *estuvo* *estuvimos* *estuvisteis* *estuvieron*	estaba estabas estaba estábamos estabais estaban

直説法未来	直説法過去未来	命令法	接続法現在
hablaré hablarás hablará hablaremos hablaréis hablarán	hablaría hablarías hablaría hablaríamos hablaríais hablarían	habla hablad	hable hables hable hablemos habléis hablen
comeré comerás comerá comeremos comeréis comerán	comería comerías comería comeríamos comeríais comerían	come comed	coma comas coma comamos comáis coman
viviré vivirás vivirá viviremos viviréis vivirán	viviría vivirías viviría viviríamos viviríais vivirían	vive vivid	viva vivas viva vivamos viváis vivan
andaré andarás andará andaremos andaréis andarán	andaría andarías andaría andaríamos andaríais andarían	anda andad	ande andes ande andemos andéis anden
conoceré conocerás conocerá conoceremos conoceréis conocerán	conocería conocerías conocería conoceríamos conoceríais conocerían	conoce conoced	*conozca* *conozcas* *conozca* *conozcamos* *conozcáis* *conozcan*
daré darás dará daremos daréis darán	daría darías daría daríamos daríais darían	da dad	*dé* *des* *dé* *demos* *deis* *den*
diré *dirás* *dirá* *diremos* *diréis* *dirán*	*diría* *dirías* *diría* *diríamos* *diríais* *dirían*	*di* decid	*diga* *digas* *diga* *digamos* *digáis* *digan*
dormiré dormirás dormirá dormiremos dormiréis dormirán	dormiría dormirías dormiría dormiríamos dormiríais dormirían	*duerme* dormid	*duerma* *duermas* *duerma* *durmamos* *durmáis* *duerman*
estaré estarás estará estaremos estaréis estarán	estaría estarías estaría estaríamos estaríais estarían	*está* estad	*esté* *estés* *esté* *estemos* *estéis* *estén*

	直説法現在	直説法点過去	直説法線過去
haber 〜がある、[助動詞] 現在分詞 habiendo 過去分詞 habido	*he* *has* *ha; hay* *hemos* *habéis* *han*	*hube* *hubiste* *hubo* *hubimos* *hubisteis* *hubieron*	*había* *habías* *había* *habíamos* *habíais* *habían*
hacer 作る 現在分詞 haciendo 過去分詞 hecho	*hago* haces hace hacemos hacéis hacen	*hice* *hiciste* *hizo* hicimos hicisteis hicieron	*hacía* hacías *hacía* hacíamos hacíais hacían
ir 行く 現在分詞 yendo 過去分詞 ido	*voy* *vas* *va* vamos vais *van*	*fui* *fuiste* *fue* *fuimos* *fuisteis* *fueron*	*iba* *ibas* *iba* *íbamos* *ibais* *iban*
jugar 遊ぶ 現在分詞 jugando 過去分詞 jugado	*juego* *juegas* *juega* jugamos *jugáis* *juegan*	*jugué* jugaste *jugó* jugamos jugasteis jugaron	jugaba jugabas jugaba jugábamos jugabais jugaban
leer 読む 現在分詞 *leyendo* 過去分詞 *leído*	leo lees lee leemos leéis leen	*leí* *leíste* *leyó* *leímos* *leísteis* *leyeron*	*leía* *leías* *leía* *leíamos* *leíais* *leían*
oír 聞こえる 現在分詞 *oyendo* 過去分詞 *oído*	*oigo* *oyes* *oye* *oímos* *oís* *oyen*	*oí* *oíste* *oyó* *oímos* *oísteis* *oyeron*	*oía* *oías* *oía* *oíamos* *oíais* *oían*
pedir 求める 現在分詞 *pidiendo* 過去分詞 *pedido*	*pido* *pides* *pide* pedimos *pedís* *piden*	pedí pediste *pidió* pedimos pedisteis *pidieron*	*pedía* *pedías* *pedía* *pedíamos* *pedíais* *pedían*
pensar 考える 現在分詞 pensando 過去分詞 pensado	*pienso* *piensas* *piensa* pensamos pensáis *piensan*	pensé pensaste pensó pensamos pensasteis pensaron	pensaba pensabas pensaba pensábamos pensabais pensaban
poder 〜できる 現在分詞 *pudiendo* 過去分詞 podido	*puedo* *puedes* *puede* podemos podéis *pueden*	*pude* *pudiste* *pudo* pudimos pudisteis pudieron	*podía* *podías* *podía* *podíamos* *podíais* *podían*

直説法未来	直説法過去未来	命令法	接続法現在
habré habrás habrá habremos habréis habrán	habría habrías habría habríamos habríais habrían	he habed	haya hayas haya hayamos hayáis hayan
haré harás hará haremos haréis harán	haría harías haría haríamos haríais harían	haz haced	haga hagas haga hagamos hagáis hagan
iré irás irá iremos iréis irán	iría irías iría iríamos iríais irían	ve id	vaya vayas vaya vayamos vayáis vayan
jugaré jugarás jugará jugaremos jugaréis jugarán	jugaría jugarías jugaría jugaríamos jugaríais jugarían	juega jugad	juegue juegues juegue juguemos juguéis jueguen
leeré leerás leerá leeremos leeréis leerán	leería leerías leería leeríamos leeríais leerían	lee leed	lea leas lea leamos leáis lean
oiré oirás oirá oiremos oiréis oirán	oiría oirías oiría oiríamos oiríais oirían	oye oíd	oiga oigas oiga oigamos oigáis oigan
pediré pedirás pedirá pediremos pediréis pedirán	pediría pedirías pediría pediríamos pediríais pedirían	pide pedid	pida pidas pida pidamos pidáis pidan
pensaré pensarás pensará pensaremos pensaréis pensarán	pensaría pensarías pensaría pensaríamos pensaríais pensarían	piensa pensad	piense pienses piense pensemos penséis piensen
podré podrás podrá podremos podréis podrán	podría podrías podría podríamos podríais podrían	puede poded	pueda puedas pueda podamos podáis puedan

	直説法現在	直説法点過去	直説法線過去
poner おく 現在分詞 poniendo 過去分詞 puesto	pongo pones pone ponemos ponéis ponen	puse pusiste puso pusimos pusisteis pusieron	ponía ponías ponía poníamos poníais ponían
querer 欲する 現在分詞 queriendo 過去分詞 querido	quiero quieres quiere queremos queréis quieren	quise quisiste quiso quisimos quisisteis quisieron	quería querías quería queríamos queríais querían
saber 知っている 現在分詞 sabiendo 過去分詞 sabido	sé sabes sabe sabemos sabéis saben	supe supiste supo supimos supisteis supieron	sabía sabías sabía sabíamos sabíais sabían
salir 出る 現在分詞 saliendo 過去分詞 salido	salgo sales sale salimos salís salen	salí saliste salió salimos salisteis salieron	salía salías salía salíamos salíais salían
sentir 感じる 現在分詞 sintiendo 過去分詞 sentido	siento sientes siente sentimos sentís sienten	sentí sentiste sintió sentimos sentisteis sintieron	sentía sentías sentía sentíamos sentíais sentían
ser 〜である 現在分詞 siendo 過去分詞 sido	soy eres es somos sois son	fui fuiste fue fuimos fuisteis fueron	era eras era éramos erais eran
tener 持つ 現在分詞 teniendo 過去分詞 tenido	tengo tienes tiene tenemos tenéis tienen	tuve tuviste tuvo tuvimos tuvisteis tuvieron	tenía tenías tenía teníamos teníais tenían
venir 来る 現在分詞 viniendo 過去分詞 venido	vengo vienes viene venimos venís vienen	vine viniste vino vinimos vinisteis vinieron	venía venías venía veníamos veníais venían
ver 見る、見える 現在分詞 viendo 過去分詞 visto	veo ves ve vemos veis ven	vi viste vio vimos visteis vieron	veía veías veía veíamos veíais veían

直説法未来	直説法過去未来	命令法	接続法現在
pondré	pondría		ponga
pondrás	pondrías	pon	pongas
pondrá	pondría		ponga
pondremos	pondríamos		pongamos
pondréis	pondríais	poned	pongáis
pondrán	pondrían		pongan
querré	querría		quiera
querrás	querrías	quiere	quieras
querrá	querría		quiera
querremos	querríamos		queramos
querréis	querríais	quered	queráis
querrán	querrían		quieran
sabré	sabría		sepa
sabrás	sabrías	sabe	sepas
sabrá	sabría		sepa
sabremos	sabríamos		sepamos
sabréis	sabríais	sabed	sepáis
sabrán	sabrían		sepan
saldré	saldría		salga
saldrás	saldrías	sal	salgas
saldrá	saldría		salga
saldremos	saldríamos		salgamos
saldréis	saldríais	salid	salgáis
saldrán	saldrían		salgan
sentiré	sentiría		sienta
sentirás	sentirías	siente	sientas
sentirá	sentiría		sienta
sentiremos	sentiríamos		sintamos
sentiréis	sentiríais	sentid	sintáis
sentirán	sentirían		sientan
seré	sería		sea
serás	serías	sé	seas
será	sería		sea
seremos	seríamos		seamos
seréis	seríais	sed	seáis
serán	serían		sean
tendré	tendría		tenga
tendrás	tendrías	ten	tengas
tendrá	tendría		tenga
tendremos	tendríamos		tengamos
tendréis	tendríais	tened	tengáis
tendrán	tendrían		tengan
vendré	vendría		venga
vendrás	vendrías	ven	vengas
vendrá	vendría		venga
vendremos	vendríamos		vengamos
vendréis	vendríais	venid	vengáis
vendrán	vendrían		vengan
veré	vería		vea
verás	verías	ve	veas
verá	vería		vea
veremos	veríamos		veamos
veréis	veríais	ved	veáis
verán	verían		vean

著者紹介
下田幸男（しもだ・ゆきお）
　京都産業大学

スペイン語で巡る京都（CD付）

2018年3月1日　印刷
2018年3月10日　発行

著　者 ©　下　田　幸　男
発行者　　及　川　直　志
印刷所　　図書印刷株式会社

101-0052 東京都千代田区神田小川町3の24
発行所　電話03-3291-7811（営業部），7821（編集部）　株式会社　白水社
　　　　http://www.hakusuisha.co.jp
　　　　乱丁・落丁本は、送料小社負担にてお取り替えいたします。

振替 00190-5-33228　　　Printed in Japan　　　図書印刷株式会社

ISBN978-4-560-09952-0

▷本書のスキャン、デジタル化等の無断複製は著作権法上での例外を除き禁じられています。本書を代行業者等の第三者に依頼してスキャンやデジタル化することはたとえ個人や家庭内での利用であっても著作権法上認められていません。